安倍昭恵首相夫人の守護霊トーク

「家庭内野党」のホンネ、語ります。

大川隆法
Ryuho Okawa

本霊言は、2014年2月22日、幸福の科学総合本部にて、
質問者との対話形式で公開収録された（写真上・下）。

まえがき

いやあ、ホント驚いた。アッキーこと安倍昭恵夫人の守護霊霊言が進んでいくと、幸福の科学の総合本部の説法会場からは、感動とドヨメキの声があがりはじめたのだ。

本霊言に先立って、「項羽《こうう》と劉邦《りゅうほう》」の「劉邦の霊言」を収録し終えていたのだが、その中で劉邦が、アッキーは、人間学、帝王学《ていおうがく》的にみてかなり手強《てごわ》いのではないか、と述べていた。首相本人についても帝王学を学んでいることが言及されていた。劉邦の予言通り、昭恵首相夫人はあざやかなファーストレディの帝王学を、サラリと言ってのけた。「内助の功」というものはあるものだ。

耻ずかしながら、今、当会の内部でも、「あげまん」ブームが起き始めている。夫婦の力がうまく合わさることにより、大きな仕事ができることに女性たちが気づき始めたのだ。

二〇一四年　三月六日

幸福《こうふく》の科学《かがく》グループ創始者兼総裁《そうししゃけんそうさい》　大川隆法《おおかわりゅうほう》

安倍昭恵首相夫人の守護霊トーク「家庭内野党」のホンネ、語ります。

目次

まえがき　1

安倍昭恵《あべあきえ》首相夫人の守護霊《しゅごれい》トーク「家庭内野党」のホンネ、語ります。

二〇一四年二月二十二日　収録
東京都・幸福の科学総合本部にて

8　聖心の「良妻教育」の秘密とは　101

「霊言現象《れいげんげんしょう》」とは、あの世の霊存在の言葉を語り下ろす現象のことをいう。これは高度な悟《さと》りを開いた者に特有のものであり、「霊媒現象《れいばいげんしょう》」（トランス状態になって意識を失い、霊が一方的にしゃべる現象）とは異なる。外国人霊の霊言の場合には、霊言現象を行う者の言語中枢《ちゅうすう》から、必要な言葉を選び出し、日本語で語ることも可能である。

また、人間の魂《たましい》は原則として六人のグループからなり、あの世に残っている「魂の兄弟」の一人が守護霊《しゅごれい》を務めている。つまり、守護霊は、実は自分自身の魂の一部である。したがって、「守護霊の霊言」とは、いわば本人の潜在《せんざい》意識にアクセスしたものであり、その内容は、その人が潜在意識で考えていること（本心）と考えてよい。

なお、「霊言」は、あくまでも霊人の意見であり、幸福の科学グループとしての見解と矛盾《むじゅん》する内容を含《ふく》む場合がある点、付記しておきたい。

安倍昭恵《あべあきえ》首相夫人の守護霊《しゅごれい》トーク
「家庭内野党」のホンネ、語ります。

二〇一四年二月二十二日　収録
東京都・幸福の科学総合本部にて

安倍昭恵《あべあきえ》（一九六二〜）

第九十代および第九十六代内閣総理大臣・安倍晋三《あべしんぞう》氏の夫人。東京都生まれ。森永製菓《もりながせいか》の創業家の出身で、第五代社長・松崎昭雄《まつざきあきお》氏の長女。聖心《せいしん》女子専門学校英語科卒業後、電通《でんつう》に入社して新聞雑誌局に勤務、やがて安倍晋三（当時は安倍晋太郎《しんたろう》外相秘書）氏と結婚《けっこん》した。夫の衆院選当選後は、選挙区の山口県においてFM放送のDJを務めたりし、「アッキー」の愛称《あいしょう》で親しまれている。二〇一一年には立教《りっきょう》大学大学院で修士号（比較組織ネットワーク学）を取得した。

質問者　※質問順［役職は収録時点のもの］

綾織次郎《あやおりじろう》（幸福の科学上級理事 兼《けん》「ザ・リバティ」編集長兼幸福の科学大学講師※）

斎藤哲秀《さいとうてっしゅう》（幸福の科学編集系統括《とうかつ》担当専務理事）

吉川枝里《よしかわえり》（幸福の科学第五編集局長）

※幸福の科学大学（仮称）は、2015年開学に向けて設置認可申請予定につき、大学の役職については就任予定のものです。

1 「家庭内野党」の首相夫人守護霊《しゅごれい》にホンネを訊《き》く

安倍《あべ》政権の不確定要素になっている昭恵《あきえ》夫人

大川隆法　昨日《きのう》（二〇一四年二月二十一日）、「『あげまんの法則』――夫を出世させる法――」という、珍《めずら》しい法話《ほうわ》をしましたが、その関連で、今回の収録につながってしまったのかもしれません。

今日の午前中は、韓国《かんこく》の朴槿恵《パククネ》大統領の守護霊霊言《しゅごれいれいげん》（『守護霊インタビュー　朴槿恵韓国大統領　なぜ、私は「反日」なのか』〔幸福の科学出版刊〕参照）の校正をし、その「まえがき」「あとがき」を書いていたのですが、それをしている間《あいだ》に、どうも安倍《あべ》首相夫人のことが気になってしかたがなくなってき始め、我慢《がまん》できなくなり、「守護霊霊言を早めに収録してしまったほうがよい」と思うようになりました。

一カ月以上前から、いちおう、今後収録予定のテーマのなかに入ってはいたのですが、安倍首相の昭恵《あきえ》夫人、「アッキー」と呼ばれる方を早く調べたくなってきたのです。

昨日、私は法話をしましたが、「〝聖心《せいしん》（女子学院）霊界《れいかい》〟とつながってきているような感じがする」と思ってはいたのです。

現在、昭恵夫人は五十一歳《さい》とのことですし、舛添要一《ますぞえよういち》さんの今の奥《おく》さんは五十歳ぐらいなので、わりに年齢《ねんれい》が近いのです（注。二人とも聖心女子学院の出身）。

昭恵さんは、「聖心女子学院のつながりで朴大統領と会えないだろうか」というようなことも言っていたので（注。朴大統領はソウルの聖心女子学院の出身）、村山富市《むらやまとみいち》元首相の代わりをやろうとしておられるのか、気になってはきています。

また、政策的なところでも、ご主人の安倍首相とは違《ちが》うことを、新聞や雑誌などでかなり言っておられるようですし、野党のほうから、「安倍首相の奥さんと共闘《きょうとう》したい」という声も出てきており、「民主党の党首でも社民党の党首でもできるかもしれない」というような気持ちが若干《じゃっかん》しないでもないのです。

安倍政権の長期政権化を予想する方もいるのですが、奥さんのところが意外に不確定要素になってきたので、「ここが、どうなのか」を調べてみたいと思います。

深読みをして、「安倍首相に対する風当たりが強いので、〝ガス抜《ぬ》き〟をし、『アンチ安倍』のほうを取り込《こ》むために、あえてパフォーマンスをしているのだ」と考える方もいます。

先日(二〇一四年二月二十日)、劉邦《りゅうほう》(漢《かん》の高祖《こうそ》)の霊言を収録したとき、そのことを劉邦が言っていました。そのように言う方もいるのですが、「意外に、それが本心かもしれない」という気もしています。

昭恵夫人は「お嬢《じょう》ちゃん左翼《さよく》」なのか

大川隆法　安倍さんが二回目の首相になる直前の二〇一二年十月に、昭恵さんは東京の内神田《うちかんだ》に洋風居酒屋「ＵＺＵ《うず》」を開きました。引退後なら分かるのですが、・・・・・首相になる前に奥さんが居酒屋の開店に踏《ふ》み切ってしまったのです。

「（安倍政権は）短い」と見て店を開いたのか、どうなのか、分からないのですが、やや不思議な印象を受けたのを覚えています。

これもまた「一説によれば」ですが、「その洋風居酒屋は、今、環境左翼《かんきょうさよく》的な人たちの溜《た》まり場になっている」という話もあります。「首相夫人の経営する店なので、公安が入れず、密談がしやすい」という話があって（笑）、「そこに集まっている」という説も一部にはあるのです。

それから、昭恵さんは「反原発」に賛成の意見を出しておられて、今回（二〇一四年二月）の都知事選では、「原発即《そく》停止」を掲《かか》げた細川《ほそかわ》元首相を応援《おうえん》しているふうにも受け取れる発言をなさっていたようにも見えます。

昭恵さんは森永製菓《もりながせいか》の創業家の出身で、社長の長女として生まれたお嬢《じょう》さんです。今、私のところの近所である聖心女子学院に、幼稚園《ようちえん》・初等科・中等科・高等科と行き、そのあと聖心女子専門学校英語科を卒業されています。

安倍首相のほうも〝お坊《ぼっ》ちゃん〟ですが、お坊ちゃんであるにもかかわらず、ややタカ派的な色を持っています。

一方、鳩山由紀夫《はとやまゆきお》さんなどもそうですが、「坊ちゃん左翼」といって、家柄《いえがら》がよいと、他《た》の人たちなどを「かわいそう、かわいそう」と思い、意外と「左」に寄っていく気《け》もあるのですが、昭恵さんが「お嬢ちゃん左翼」的な部分を持っているのかどうか、気になるところです。

昭恵さんは、「反原発」を言ったり、「遺伝子組み換えのものは怖《こわ》くて食べられない」とか言って、TPP（環太平洋戦略的経済連携《れんけい》協定）にも意見を言ったりしているとも聞いているので、そのような感じが少ししないでもないのです。

事前に〝思想調査〟をすることで、今後の行動が予測できる

大川隆法　今日の安倍昭恵守護霊の霊言は、もしかしたら、日の目を見ないことになる可能性がある霊言です。内容によっては、〝発禁処分〟で、発刊を自粛《じしゅく》しなくてはいけなくなるかもしれません。

「これを出さないほうが日本や安倍政権のためにはよいのではないか」ということで、内容の一部だけを「ザ・リバティ」が〝つまみ食《ぐ》い〟して終わりになる可能性も、なきにしもあらずなのです。

賢夫人《けんぷじん》で、「あげまん系」か。それとも、たまたま、そうなっているのか。あ

るいは、ご主人と競争しているような気持ちがあるのか。正反対の思想を持っているのか。「さげまん系」なのか。どのような運命をつくろうとしているのか。日本に責任を持つ者としては、このへんについて、いちおう知りたいところです。

当会には公安やＣＩＡのようになってきたところがあり、「事前に〝思想調査〟をすることによって今後の行動が予測できるので、それをしたくなってき始めた」ということです。

なるべく上品に話してくださるであろうと思われる方に、質問者として出てきていただいたのですが、結果がどうなるかは分かりません。

首相夫人、安倍昭恵氏の守護霊を招霊《しょうれい》する

大川隆法　では、始めます。（質問者たちに）いいですか。

（合掌《がっしょう》し、瞑目《めいもく》する）

たいへんお忙《いそが》しいことであろうとは思いますが、安倍首相夫人の守護霊に、幸福の科学総合本部にお出《い》でいただきまして、そのご本心をお伺《うかが》いしたいと存じます。

安倍首相に対するお考えやお気持ち、政界を取り巻くことや外交に対するお考え、また、よろしければ、幸福の科学に対する考えも含《ふく》めまして、政治観、宗教観、外交観、経済観等をご披露《ひろう》いただければ、日本人として、たいへん幸甚《こうじん》に存《ぞん》じます。

また、どの程度、安倍首相に影響《えいきょう》を与《あた》えておられるのか、そのへんについても、われわれとしては、できれば知りたいところだと思っております。

安倍首相夫人の守護霊よ。
どうぞ、幸福の科学総合本部に降《お》りたまいて、そのご本心を明かしたまえ。
安倍首相夫人の守護霊よ。
幸福の科学総合本部に降りたまいて、そのご本心を明かしたまえ。

（約二十秒間の沈黙《ちんもく》）

2 「二回も首相をするとは思わなかった」

「怖《こわ》いところに呼ばれた」とおどける昭恵夫人の守護霊

綾織　こんにちは。

安倍昭恵守護霊　ううーん……。こんにちは。

綾織　安倍昭恵さんの守護霊様でいらっしゃいますでしょうか。

安倍昭恵守護霊　そういうことになりますねえ。

綾織　今日は土曜日ですので、もしかしたら、おくつろぎのところかもしれませんが、お出《い》でいただきまして、本当にありがとうございます。

安倍昭恵守護霊　たいへん怖《こわ》いところにお呼びいただいたようで、本当に……。

綾織　いえいえいえ。

安倍昭恵守護霊　ここは、厳しいところだと伺《うかが》っております。

綾織　いえいえ。いろいろなメディアに出ていらっしゃいますので、同じような気持ちで、お話しいただければと思っております（笑）。

安倍昭恵守護霊　そうでしょうか⁉　何となく、怖い感じがいたしますが……。

綾織　いいえ。大丈夫《だいじょうぶ》です。ご安心いただければと思います。

安倍昭恵守護霊　うーん……（疑うような視線で綾織を見る）（会場笑）。

綾織　（苦笑）

安倍昭恵守護霊　（笑）

夫が首相に返り咲《ざ》いたことに対する率直《そっちょく》な思いを語る

綾織　安倍政権が発足《ほっそく》して、一年数カ月がたちましたけれども、改めて、この一年ちょっと過ごされてきたお気持ちのあたりから、お伺いできればと思っています。

安倍昭恵守護霊　うーん……。どうして、うちの主人が二回も（首相を）するんでしょうねえ。本当に、不思議でしかたがない……。

綾織　やはり、それだけ、期待が高まったということでしょうね。

安倍昭恵守護霊　ええ。ただ、私の人生計画は、だいぶ狂《くる》ってしまってねえ。これから、ハッピーに、自由にやろうと思っていたところだったのに、また、苦しい生活が始まって……。

綾織　なるほど。

安倍昭恵守護霊　「短いだろう」と思っていたのに、だんだんに「長くなる」という予想も出てき始めて……。

綾織　はい。

安倍昭恵守護霊　うーん……。うれしいでしょうかねえ？　どうなんでしょうかねえ。何と言ったらいいんでしょうか。

若干《じゃっかん》、私のほうも、「世間《せけん》の目」が厳しくなってきたのかなあというふうには感じておりますし、幸福の科学様に捕《つか》まるっていうことは、そういうことを意味してるのかなと思っております。

綾織　「それは、今日のお話次第《しだい》」というところがあるので……(笑)。

安倍昭恵守護霊　そうですねえ。いやあ……、出すぎですかねえ、私。ちょっと出すぎてます？

綾織　どうなのでしょうか。まあ、そのあたりについてもお伺いしていきたいと思うのですけれどもね。

安倍昭恵守護霊　ああ、そうですか。

綾織　先ほども、少しおっしゃっていましたけれども、自由にされたかったわけですか？

安倍昭恵守護霊　ええ。「（首相は）一回やったから、もういい」っていう……。

綾織　はいはい。

安倍昭恵守護霊　前回の最後は、とってもつらかったので……。

綾織　そうですね。

安倍昭恵守護霊　安倍は、体調も悪かったですが、非難囂々《ひなんごうごう》でしたので、あの段階で、まさか、「再起して、再登板がある」とは思ってなかったです。「みなさんのご期待を受けながらも、能力、体調共に整《ととの》わないで……」ということだったので、「もう、ない」と思っていたんですけどね。もう政界を引退してもおかしくない状況《じょうきょう》ではあったんです。

綾織　昭恵夫人は、安倍首相が第一次政権でお辞《や》めになったときには、政治家引退を勧《すす》めたり、また、自民党総裁選に出馬されるときには、反対されたりしたというような報道もされていたと思いますが……。

安倍昭恵守護霊　ええ、まあ……。（最初は）第九十代の総理で、（二度目が）第九十六代でしょう?　もうあっという間に、九十代から九十六代まで〝飛んで〟るんですからねえ。あっという間なんですよねえ。
だから、日本は誰《だれ》でも（首相が）できるんじゃないかっていう感じもするんですけどねえ。

綾織　いえいえ。第一次政権のときには、理不尽《りふじん》なぐらいバッシングがあったわけで……。

安倍昭恵守護霊　もう、きつかったですねえ。

綾織　おそらく、左側のマスコミにも、「ちょっと申し訳なかったな」という気持ちはあると思います。

安倍昭恵守護霊　この意味は、不思議な感じで、よく分からないんですが……。私のほうは、もう、「いつでも夜逃《よに》げできるような準備」っていう感じで、なかなか、公邸《こうてい》へも移り住む気がしませんよねえ。

だから、「いつ終わりになるかなあ。片足を自宅のほうに置いておかないと……」っていう感じがあって、どうも、腰《こし》が据《す》わらなくて申し訳ないですねえ。

首相公邸《こうてい》にいる「幽霊《ゆうれい》」に対する安倍首相の反応とは

綾織　まあ、「あの公邸《こうてい》には、幽霊《ゆうれい》がいる」というお話もありますので（笑）。

安倍昭恵守護霊　いやあ、それも、ちょっと嫌《いや》な話ではありますけどねえ。

おたく様からも、いろいろと不思議な情報が上がっているようでございまして、安倍は、「歴代首相の幽霊ならしかたがねえな」ということで……（注。「幽霊が出没《しゅつぼつ》する」という噂《うわさ》の首相公邸を遠隔透視《えんかくとうし》したところ、東條英機《とうじょうひでき》、近衛文麿《このえふみまろ》、廣《ひろ》田《た》弘毅《こうき》の霊であることが判明。『「首相公邸の幽霊」の正体』（幸福の科学出版刊）参照）。

綾織　あっ、安倍首相は、そういう感じなのですか。

安倍昭恵守護霊　ええ。

綾織　ほう。

安倍昭恵守護霊　「まあ、それはしかた

『「首相公邸の幽霊」の正体』
（幸福の科学出版）

ねえ。俺《おれ》しか受け止める相手はいねえ」っていうような感じで、行《い》っているようです。

綾織　なるほど。

安倍昭恵守護霊　私は、別に、受け止めたくないですし（笑）、できたら避《さ》けたいですねえ。

綾織　朝が早いときなどは、たまに公邸に泊《と》まられるようになりましたよね。

安倍昭恵守護霊　そうですねえ。そんなことを言われたら、余計に、「軍国主義に取り憑《つ》かれた」って言われるように思うんですけど、どうなんですかねえ。

綾織　今日は、だいぶ、おしとやかな感じで入《はい》られていますね。

安倍昭恵守護霊　そうね。今日は、失点をできるだけ出さないで、早く帰ろうと思っているので……。

綾織　（笑）（会場笑）

安倍昭恵守護霊　「逃がしてくれるとありがたいなあ」と思っております。

（大川総裁は著者校正として）朴槿恵《パククネ》さんのを、朝やっておられたんでしょうけど、かなり厳しそうですねえ。あんな本が出たら大変でしょうねえ。

綾織　そうですね。では、そうならないように……。

安倍昭恵守護霊　情報は、すぐ伝わるでしょう。複数筋からいっぱい来るでしょうね。大変ですねえ……。いやあ、怖い怖い怖い怖い。

3　「安倍家庭内劇場」のシナリオは？

家庭内野党の意見は、「マスコミ対策」か、「本心」か

綾織　最近、実際に、よくメディアにも出られていますが、基本的には、安倍政権が進めている政策と反対の方向の発言をされていますね。

安倍昭恵守護霊　どうなんですかねえ。私は、人前に出て話をするのが、そんなに嫌《きら》いではないし、軽い話であれば、本当に、いくらでもおしゃべりするんですが、重い話になると、まあ、責任の問題はよく分からないのでね。どのくらいまで責任を取らなきゃいけないのかが分からないので、ヒラリーさんみたいに、そ

んなに仕事面で出しゃばってるつもりはないんですけどもねえ。
まあ、私のほうは、「軽口《かるくち》を叩《たた》いてる」ぐらいのつもりでいるんです。

綾織　あっ、そうなんですか。

安倍昭恵守護霊　ええ。

綾織　では、おっしゃっている内容は、原発問題やTPPの問題など、いろいろありますけれども、基本的には、ご本人が思われたことを、そのまま話されている状態ですか。

安倍昭恵守護霊　まあ、微妙《びみょう》なんですけども、安倍が孤立《こりつ》する可能性もあるので、私が、「家庭内野党」的に、反対のことも言っているようにしたほうが、批判が少しやむのかなあっていう気も、若干《じゃっかん》しています。
テレビも新聞も、もう色分けがはっきりしてますのでね。

綾織　はい。そうですね。

安倍昭恵守護霊　「敵か、味方か」がはっきりしていて、「左翼《さよく》」と言えば、「安倍の敵」というように、はっきりしているので……。

綾織　はい。

安倍昭恵守護霊　そちらのほうにも、多少は、理解しているような部分を、私のほうだけでも見せないと、攻撃《こうげき》がきつくなるかなあと思ってやってるところも、一部にはあることは、そのとおりなんです。

ただ、一部は、本心である部分もあるかなあとは思っております。

綾織　本心で思われているのと同時に、ある程度、マスコミ対策的な計算も含《ふく》めて、やっていらっしゃると？

安倍昭恵守護霊　そうしないと、また、「特定の新聞や特定のテレビ局は、安倍を、一切《いっさい》、取り上げない」という感じになってしまう。でも、それではいけないでしょう？　それがあるので、「そのへんを少し弱めておかないといけないのかなあ」と……。

出られなくなるのも困るでしょう？　「新聞やテレビにまったく出なくなる」

っていうのも困るので、まあ、そういうところがある人なのでね。外国についても、行けない外国が出てきたりして、はっきりしてしまうでしょう？

だから、はっきりしすぎないようにしなきゃいけないのかなあと、そう思うところもあるんですよね。

これって、「あげまん」に入るんですか？（会場笑）

綾織　その可能性はあると思いますね（笑）。

安倍昭恵守護霊　ああ。

「マスコミの期待」を高める発言の裏にある「真意」とは

綾織　そういう計算があって、まあ、いちばん批判的なスタンスである新聞に、東京新聞がありますけれども、そういう新聞にも出られて、安倍首相を、完全に断罪するようなスタンスに立たせないような、ある意味での緩衝材《かんしょうざい》的なかたちになっているのですね？

安倍昭恵守護霊　うーん、ちょっと、そちらのほうとのパイプを残さなきゃいけないのかなあと思ってはいるんですよね。

安倍も頑固《がんこ》なのでね。周りに頑固な人を固めると、もはや、「鉄壁《てっぺき》の状態」になるから、もう、はっきり、「敵か、味方か」になっちゃう。

そうならないで、ある程度、「和戦両様《わせんりょうよう》ができる」ぐらいのところにスタンスを置かないといけないのかなとは思っているんですけどもねえ。

綾織　確かに、そういう戦略が一つあるというのは大事だと思うのですけれども、一方で、発言されている内容として、「安倍政権のかなり中心的で大事なテーマに対し、逆の立場を表明されている」ということには、けっこうリスクがあると思います。それは間違《まちが》いないですよね？

安倍昭恵守護霊　うーん……。

綾織　このへんは、どのように考えられていますか。

安倍昭恵守護霊　いやあ、リスクといったって、期待感を高めてるんでしょう？　つまり、「『家庭内野党』との決裂《けつれつ》で離婚《りこん》でもするんじゃないか」っていうマスコミのほうの期待を高めてはいるんでしょう？

綾織　それは期待していますね。

安倍昭恵守護霊　そういう意味では、〝お楽しみ〟ということで、「首相の任期が短ければ、そうはならずに終わり、長ければそうなるかもしれない」というところで、マスコミの期待を集めてるでしょう？　だから、「小泉《こいずみ》劇場」だけじゃなくて、「安倍劇場」だって、「安倍家庭内劇場」っていうのも、あることはあるんですよね。

綾織　ああ、なるほど（笑）。それは、確かに、楽しいと言えば楽しいと思いますね。

安倍昭恵守護霊　そうでしょう？　「どこまで攻撃したら離婚になるだろうか」

なんて、みんな予測する。

まあ、そのへんは、私も電通《でんつう》なんかにもいたこともあるので、マスコミの感覚みたいなのが少し分かることは分かるんですよねえ。

綾織　では、そのシナリオを書かれているのは、昭恵さんのほうなのですか。

安倍昭恵守護霊　うーん……、どうなんでしょうか。私は勝手に動いてる感じなんで、まあ、主人は主人で、それを聞かないふりしてると、なんか、立派な長州《ちょうしゅう》人みたいに見えると思ってるんじゃないでしょうかねえ。そのほうが、「男らしい長州人」に見えていいんじゃないんですか。歴代の偉《えら》い長州の人みたいに見えるんじゃないですかねえ。

綾織　やはり、懐《ふところ》が深いように見えるところがありますね。

安倍昭恵守護霊　そう見えるでしょう？　長州の偉いお歴々《れきれき》が、ずっといて、その流れを汲《く》んでいるように見えるから。

それで、奥《おく》さんが、なんか、ブンブン言ってるのを相手にもしないで、「家庭内野党」を押《お》し切って、断行してるように見えるところに、同情が、多少、集まるのかなあと思ってる面もあるんですけどねえ。

綾織　これは、やはり、第一次政権のときに、あれほど批判を浴びて、左側のマスコミからバッシングにあったことを踏《ふ》まえて言われているわけですね？

安倍昭恵守護霊　ですから、安倍の、まあ、はっきりした敵については、しかたがないとは思うんですが、中間帯がありますでしょう？　グレーゾーンっていうかねえ。

綾織　ええ、はい。

安倍昭恵守護霊　そのところは、できるだけ敵に回さないで取り込《こ》んで、つないでおいて、可能性が、どちらにでもあるような、「いい記事も、悪い記事も出るかもしれない」というぐらいのところで止《と》めなければいけない部分があるし、彼らが喜ぶようなことを、ときどき発言してやると、好意的に書いてくれるのでね。

だから、東京新聞にも出れば、産経新聞にも出るという、そういうスタンスでやってますでしょう？　そのように、私のほうで、ファジー（あいまい）にしてるところはありますね。

2014年1月5日付け産経新聞に掲載された曽野綾子さんとの新春対談。夫婦関係、アフリカ訪問、原発問題、新年の抱負など、多岐にわたる話題が、和やかに語り合われている。

4 「反原発」「反ＴＰＰ」の真意は？

なぜ、自民党総裁選を前に出店《しゅってん》を決断したのか

綾織　安倍首相の奥《おく》様へのスタンスとしては、「完全に自由」ということなのですか。それとも、ある程度、何となく話し合いをして、「いいのではないか」という感じなのでしょうか。

安倍昭恵守護霊　いやあ、私には、もともと、生活における苦労はないので、別に、「養《やしな》ってもらっていて、言うことをきかなければ、飢《う》え死にする」っていうような立場じゃありませんからね。

生活については全然、問題なく、いつでも実家に帰ろうと思えば、それまででございますし、子供も、実子《じっし》はありませんので。まあ、どちらでもいいスタンスではありますので、自由な面もあるんですけどねえ。

綾織　安倍首相は完全にフリーにさせているということですか。

安倍昭恵守護霊　どうですかねえ。

まあ、もし、私に野心があるとすれば、何て言うのかな、先祖に総理が二人いますけども、「結果的に、安倍程度の学歴、職歴の人間に総理大臣が務まったということは、奥さんがよかったからだ」というようなことでも言われれば、私としてのささやかな野心は満たせるのかなあとは思いますけどもねえ。

できるだけ、「庶民性《しょみんせい》」や「付き合いのよさ」みたいなのを出そうとは思っているんですけどねえ。

綾織　ということは、自民党の総裁選の前に、お店を出そうとされたのも、ある程度、そういうトータルの戦略から出てきていますか。

安倍昭恵守護霊　まあ、それはちょっと、「負ける」と思って出したところはあるかな（笑）。

綾織　あ、そうなんですか（苦笑）。

安倍昭恵守護霊　すみません（笑）。「総裁選に負けるだろう」と思ってたので、気にしないで、事業計画を進めていたもので……。

綾織　うーん、なるほど（笑）。まあ、確かに、あの総裁選の期間中も、そうでしたけども……。

安倍昭恵守護霊　石破《いしば》さんが（総裁に）なって当然でしょう？

綾織　はい。もう、そうなるという報道になってましたね。

安倍昭恵守護霊　なればいいのにねえ。だって、勝ってたんでしょう？　自民党員票では、石破さんがなるべきですよね。

綾織　ええ、そうです。地方票では完全に勝ってました。

安倍昭恵守護霊　本来ね。
だけど、国会のほうの勢力関係で、あんなふうにして勝つとはちょっと思わなかったので。まあ、準備は着々と変えないでやってたので、やってしまった……。

綾織　なるほど。首相になる予定ではなかったと、そう想定されて、お店は……。

安倍昭恵守護霊　いやあ、普通《ふつう》ないじゃないですか。自民党で、保守合同以来、そんな、再登板っていうのはないので。
まあ、戦前とかはあったかもしれません。あのー、〝達磨《だるま》さん〟の高橋是清《たかはしこれきよ》さんとか、あんな方とかはあったのかもしれないけど。うーん、橋本龍太郎《はしもとりゅうたろう》さんなんかも再登板の声はかかったけど、結局ならなかったし、なかなかなれるもんじゃなくて、二回目を目指しても、みんな、なれないので。

田中角栄《たなかかくえい》さんだって、二回目として、もう一回、角栄待望論が出てたこともありましたですよねえ。「田中角栄さんみたいな人が、今いたらなあ」っていうようなことがあって、そういう地熱《じねつ》が上がってきたときもあったけど、結局はならなかったので。

日本は、もう総理になりたい人がいっぱいいるので、いったんなっても、トコロテンみたいに押《お》し出していく感じで、いったん出たら、もう次はないのが一般《いっぱん》には普通ですよねえ。

だから、こんなものは、ちょっとありえないけど。

まあ、民主党政権が続いたために、その前に安倍政権に対するきつい評価をしたのが、「ああ、こんなに野党がひどいんだったら、批判したほうが悪かったんかなあ」という、あなたがたの言葉で言えば「反省」が働いたのかもしれません。

マスコミは反省文を書かないから、反省文を書かない代わりに行動で見せてるというところなのかなあっていう感じはしますねえ。

だから、朝日が敗れたんだと思うんです、ある意味で。民主党政権を立てた朝日が敗れて、読売・産経のほうの側が、次の政権をつくったという感じなんだろうと思う。

まあ、これはマスコミの力関係で交代要因が働いてるような気がしますけどねえ。

東京新聞紙上での発言の真相とは

斎藤　東京新聞などでのご発言等を見ますと、ＴＰＰについて訊《き》かれたときに、「私は、遺伝子組み換《か》え食品がどんどん出ていて、消費者が分からないうちに食べてしまうのは、すごく怖《こわ》いわ」というようなこともおっしゃっていましたが、そのへんは本心なのですか。

1　12版都心　第25554号　(明治25年3月12日第3種郵便物認可)　東京

第２次安倍政権が発足して１年が過ぎた。安倍晋三首相の妻、昭恵さんは講演などで夫と違う意見を発信し、自らを「家庭内野党」と呼ぶ。異色のファーストレディーから見た首相の１年とは―。安倍政権の政策や政権運営について聞いてみた。

妻・昭恵さんが見た首相の１年

「国民の声に耳傾けて」

あべ・あきえ　1962年東京都生まれ。聖心女子専門学校卒業後、電通に入社。87年に安倍晋三氏と結婚した。父は森永製菓元社長。ニックネームはアッキー。

昭恵さんは首相公邸の会議室で約四十分間、インタビューに応じた。にこやかな表情で、時には大きな笑い声を上げたが、首相の政権運営について聞くと、厳しい表情に変わり「主人には自分に近い人の声しか届きにくいので、広くいろいろな声を届けたい。主人にはすべての国民の声に耳を傾けてほしい」と述べた。

昭恵さんは脱原発を主張している。安倍政権の原発維持政策について「（東京電力福島第一原発）事故の後、次々と問題が明るみに出て、何を信じて良いのか分からない。怖くても逃げられない人もいる。再生可能エネルギーに転換すべきだ」と真剣な表情で訴えた。

首相が成長戦略の柱とする原発輸出政策にも「福島で事故が起こって、まだ収束していないのに、原発を輸出するのはどうなんだろうと率直に思う」と夫に異を唱えた。

昭恵さんは趣味で有機農業をしている。日本の農産物への影響が懸念される環太平洋連携協定（ＴＰＰ）について聞くと、「遺伝子組み換え的な食品がどんどん入ってきて、消費者が分からないまま食べる状況になるのは怖い」と語った。

「脱原

2面に続く

きょうの紙面

韓国「靖国」で交渉

広告のはがき

「辛い」を「幸

山下洋輔さん

生活図画事件

資生堂と出雲

東京新聞

安倍昭恵さんに聞く

収束まだ 原発輸出に疑問

消費増税 重荷になる

1面から続く

安倍首相就任後の１年を振り返りインタビューに答える妻昭恵さん

―原発についてどう考えているか。

「一回事故が起こると、そこに住めなくなる。風評被害もあるし、人々の心もすさんでしまう。再生可能エネルギーなどに転換すべきだと思う。日本人の技術を結集すると想像もつかないものが出てくる。あと十年したら別世界になっているかもしれない」

―安倍政権の原発輸出政策はどうか。

「私個人の気持ちとしては、福島でこれだけの事故が起こって、まだ収束していないのに、原発を輸出するのはどうなんだろうと率直に思う」

―脱原発を求めるデモが続いている。

「脱原発をしている人に知り合いがいる。私が脱原発を言っているから、首相も変わるのではないかと期待する。でも、それは違う。私は政治家でもないし、何の権力もない。ただ、私の声が首相の心のどこかに引っかかってくれればいいなと思って言っている」

―来年四月から消費税率が上がる。東京都内で居酒屋を経営している立場から慎重な発言をしているが。

「（消費税増税は）重荷になる。ただ、店をつぶすわけにはいかないので、頑張らないと。（食料品などの税率を低くする）軽減税率は（導入）した方がいい」

ＴＰＰ　組み換え食品 怖い

―環太平洋連携協定（ＴＰＰ）についてどう思うか。

「農業者の間でも賛否両論ある。若くて新たに農業に参加する人にも反対派はたくさんいるし、海外に打って出るためのチャンスと考える人もいる。ただ、遺伝子組み換え的な食品がどんどん入ってきて、消費者側が分からないまま食べる状況になるのは怖い。次の世代、どうなるか」

靖国　就任直後、私は参拝

公共事業過熱 弱者後回し

被災地などツケ

入札不調で、計画凍結を迫られている豊島区の複合施設建設予定地＝東京都豊島区千早で、本社ヘリ「おおづる」から

2013年12月29日付け東京新聞に掲載された安倍昭恵さんのコメント。「脱原発」「ＴＰＰ」「靖国」等のテーマについて、率直な意見が述べられている。

安倍昭恵守護霊　これは、森永製菓《もりながせいか》とか、そういうところは、やっぱり異物《いぶつ》が入ってたりすると、とたんに大変な……、食べ物に対してはねえ。

斎藤　あっ、なるほど。ご実家が食べ物の会社だったから？

安倍昭恵守護霊　何か入ってたら、そりゃあ……、ゴキブリの死骸《しがい》でも入ってたら、もう終わりですからねえ。会社は潰《つぶ》れちゃう可能性があるような、あれですから。

まあ、こういうものに慎重《しんちょう》になるのは、それは、そうなんじゃないんでしょうかねえ。

斎藤　それは、「食べ物に異物が入るのは危《あぶ》なくて怖い」と、そういう意味ですか。

安倍昭恵守護霊　うーん。やっぱり、体に悪い反応っていうか、生体反応で、実験的に有害だっていうのがあとから出てきたときがね。まあ、公害は、みんなそうでしょう。公害とかはそうだし、企業《きぎょう》も非常に危険なところがあって、そのへんの「安全性が確認されないとできない」っていうのはあるのでね。

まあ、これは、もう、いろんなところのを見てきていますから。私どものところの、実家のほうでつくってるもののなかに、有害成分が見つかったとかいうのが、ほんと、一言《ひとこと》、今日のニュースに流れただけで大変なダメージで、全部回収ですよねえ。回収して捨てなきゃいけなくなって、お詫《わ》びして社長交替ですからね、すぐ。

だから、こういうものを安易に許可して、あとで、もし責任が生じたら大変だなあということで。まあ、アメリカ人は食べて大丈夫《だいじょうぶ》なのに、日本人が駄目《だめ》だっていうのは分からないけど、アメリカ人は、もしかしたら毒が回るのが遅《おそ》いかもしれないっていう感じも、しないでもないですからねえ（会場笑）。体が大きいので、ゆっくり回るけど、日本人はすぐに反応が出るかもしれないので。

そのへんは、もうちょっと誰《だれ》かが太鼓判《たいこばん》を押してくれないとっていう感じはありますねえ。

斎藤　「脱《だつ》原発」という立場ではないんですか。

安倍昭恵守護霊　やっぱり、「脱原発」は、民意として半分近くはありますからねえ。だから、完全にそれを抑《おさ》えつける感じで強圧的にやると、反対運動はすごいと思うし、首相官邸《かんてい》前でテントを張っての長期デモは、（日米）安保《あんぽ》以来といわれるぐらいの長さでしたから。
岸《きし》政権のときは、安保闘争《とうそう》で、いちおう退陣《たいじん》してますからねえ。だから、こういうのは大きくなれば退陣になるようなあれでございますので。うーん、ちょっと、この力を弱める必要はあると思ってはいたので。

斎藤　わりと、〝ガス抜《ぬ》き〟的な感じの……。

安倍昭恵守護霊　〝ガス抜き〟かどうかは知らないけど、ガチガチで、もはや話し合いの余地がないみたいな感じにしすぎると、ちょっと危険かなあということで。

斎藤　なるほど。

安倍昭恵守護霊　だから、「非正規ルートだけど、奥様のほうに言えば、もしかしたら何か調整してもらえるんじゃないか」っていうか、「ご主人と話してもらって、家庭内政局で、『言うことをきいてくれないと離婚《りこん》するぞ』みたいな啖呵《たんか》を切ったら、『分かった、分かった』って言って、ちょっと譲歩《じょうほ》したりするんじゃないか」と、マスコミとかが期待する可能性があるでしょ？　だから、そういう面は少し残しとかなきゃいけないんかな。

私って、あげまん？

斎藤　（笑）あげまんじゃないでしょうか。すごいですね。

首相の妻としての「人知れぬ苦労」

綾織　そのお考えは、ご自身が、「やっぱり、こうしたほうがいい」と思ってされているのですか。

安倍昭恵守護霊　うーん、なんか、大したことはないんですが、ジャーナリストとして活躍《かつやく》したわけではないんだけど、感覚だけは分かるんですよねえ。マスコミ感覚だけは、何となく分かる。気持ちは、何となく分かるので。

それは、やっぱり朝起きたときに、新聞の一面とかに、主人の悪口をバーッと書いてあるのを見たりしたら、もう心臓が止まりそうになるぐらいの……。これは、（首相の）奥さんをやってみたら分かると思いますけど、見せたくないですよね、ほんとはね。ほんとは見せたくない。ほんとは切り取って捨てたいし、そこのところだけ取り分けたいし、いち早く起きて隠《かく》したいぐらいの気持ちですかねえ。

だから、田中角栄さんが倒《たお》れられたときに、眞紀子《まきこ》さんが、新聞とかを見て、マジックで黒く塗《ぬ》り潰してたとかいうのは、なんか分かるような気がするんですよ。

首相になると悪口ばっかり出てくるから、もう、読みたくないし、見たくないし、外を歩いても犯罪人になったような気持ちがしますねえ。人の視線が、なんかそんなふうに感じられるので。

まあ、なんとかそれを、もうちょっと調和できないかなあと。この軽口《かるくち》トークでも、なんでもいいから。あるいは、非公式な、インフォーマルな会合みたいなのをいっぱいつくって、敵の側のほうの切り崩《くず》しを、少ししていかないといけないし、やや左翼陣営《さよくじんえい》に入っているような人たちの奥様方とかシンパとかを、少し崩しとく必要はあるのかなあとは思っているんですよねえ。

5　自分の店を開いた本当の理由とは

政治家の妻として「地盤《じばん》」を守る努力をしている

吉川　お話を伺《うかが》っていると、すごく安倍首相に対する愛情を感じます。下関《しものせき》の安倍首相の選挙区でも、「昭恵農園」を経営されていますが、それも安倍首相に有利になるようにというか、ファン層や支持層を広げるためですか。

安倍昭恵守護霊　まあ、それだけではなくて、（手元の資料を見ながら）ＦＭのねえ、「アッキー・洋介《ようすけ》の東京ラウンジ」のＤＪなんて書いてありますけど、下関でＤＪまでやってたんですから。そんな聖心《せいしん》育ちの人がねえ。

やっぱり政治家の奥《おく》さんってつらいですよ。そう言っても地元を守らなきゃいけないっていうの。

綾織　実際、選挙活動はご夫人のほうでされてますよね。

安倍昭恵守護霊　うーん、常時やらなきゃいけないので、これは奥さんの仕事なんですよ、選挙活動やるのは。

だから、夫のほうは選挙期間中だけですよ。それ以外は、ちゃんと仕事のほうをしなきゃいけないので。でも、地元を守って選挙活動をやるのは奥さんの仕事で、みなさん、それで悩《なや》んでらっしゃる方が多いですよねえ。

あの橋本龍太郎《はしもとりゅうたろう》夫人も、岡山《おかやま》で子供を五人育てられながら、ずっとされていて、首相になられたときには、もうこれ以上、岡山でいられないっていうんで出てこられて、それで公邸《こうてい》住まいをされてねえ。なんか、週刊誌にいろいろ悪口書かれるので、これでもういられないっていうことで出てきたけど、まあ、「地盤《じばん》を守らなきゃいけない」っていうのも申し渡《わた》されますのでねえ、たいていねえ。だから、つらいですよねえ、うーん。

安倍総理が身につけた「老獪《ろうかい》さ」

綾織　実際に、安倍首相は、第一次政権を辞《や》められたあと、ものすごく精神的なダメージがあったと思うのですが、そこの部分は、どのように支えてこられたんでしょうか。

安倍昭恵守護霊　いやあ、総理は〝使い捨ての時代〟ですからねえ、日本はねえ。まあ、何人でも出てくるので。

うーん、一回目をやってたときは、トントンと法律も通して、「よくやるなあ」と見える面もあったとは思うけど、敵もはっきりと現れてきたのでねえ。「どこまで行くのかなあ」っていうか、みんな、急行列車みたいに走っていくのが怖《こわ》くて止《と》めたかった気持ちが、民主党政権になったような感じはするんですよねえ。

綾織　そうですね。

安倍昭恵守護霊　だから、麻生《あそう》さんなんかも、なってみたら、もろかったですよねえ。首相になってからとその前とでは、言葉の重みが全然、違《ちが》うんですよ。だから、ちょっとした失言で攻《せ》められるでしょう？　厳しいなあっていうようなのはありましたですねえ。

だから、ちょっと、前回は急ぎすぎたのかなあっていうことで、今回は本人もそうとう用心《ようじん》しながら、ジワジワやっている面もあるんですよね。早くやってるところもあるけども、引くところは引いて、例えば、憲法改正なんかも、去年の前半で、一回、数の力で押《お》し切ってしまおうとしたところを、一度、引いてみせましたでしょう？　それで、集団的自衛権から、もう一回押していこうとしてるでしょう？

だから、押したり引いたりして、消費税があるので強気で押せないっていうか、消費税と一緒《いっしょ》に政局にされると、それで終わりになってしまう可能性があるし、消費税は消費税で、いったん通さなきゃいけないので。

それでいったん引いて、通して、ちょっとほとぼりが冷めたら、また押してみて、それで押し切れないと、消費税をもう一回やって、またもう一回押してみた、ぐらいの老獪《ろうかい》さにはなっているのかなあとは思いますけどねえ、前回より。

綾織　もしかして、そのへんも何となくアドバイスをされていたりするのでしょうか。

安倍昭恵守護霊　いやあ、私は、そんなことはないですけど。なんか、あんまり単純にやりすぎると、敵が増えるっていうことは分かっているので、そのへんのことは、まあ、チラチラと言うぐらいのことはありますけども。それで左右されるということは、たぶんないんじゃないかと思いますけどねえ。

それは、本人が前回の経験から、だいぶ学習している面は多いんじゃないかとは思います。

だから、あの嫌《きら》いな嫌いな、「テレビ朝日」や「朝日新聞」等も、完全にシャットアウトではない状態で、開《ひら》いてやってると思うんですけどね。

開いた店の「アンテナショップ」としての意外な効果

綾織　「消費税の問題」について言えば、実際、お店をされていて、小さなお店ということもあって、消費税増税の影響《えいきょう》も、かなり大きなものがあると思います。

安倍昭恵守護霊　それはねえ、お店の経営者としては消費税反対ですよ、はっきり言って。反対ですよ、そんなもん、収入減りますからねえ。

綾織　そうですよね。そうなると、日本全国の飲食関係等のお店をやっている人からすると、「気持ちは分かる」ということになりますね。

安倍昭恵守護霊　奥さんが反対なのに、夫が押し切ってると、悪い夫だと思いつつも、奥さんが反対してるっていうところで、ちょっと癒《いや》されるところはあるでしょう？　まあ、分かってくださってるっていうことはねえ。そのへんが大事なところですからねえ。

綾織　これも、自由にやりたいと思ってお店を開かれたわけですけども、結果的には、それがプラスの材料になっているところがありますね。

安倍昭恵守護霊　それは、まあ、アンテナショップとして、消費税上げが、どう経済波及《はきゅう》効果があるかは、お客様のご意見とかを聞いてると分かりますよねえ。

綾織　うーん。

斎藤　そのお店というのは、「庶民目線《しょみん》」というものを、常に、自分でも実感するためのアンテナショップとして構想されたのですか。

安倍昭恵守護霊　いえいえ。「UZU《うず》」っていうのは、天宇受売命《あめのうずめのみこと》の「うず」を取っている、宗教的なお店なんですけどね。

まあ、どうなんでしょうかねえ。いや、私だって、それは、働きたい気持ちもありますので、いつでも第二の人生が開けるように、余地を残しておきたいところはあるということです。首相なんて、本当に、半年、一年で、すぐ終わりますのでねえ。

だから、そのへんはありますね。ちょっと先のことを考えてるので、まだできることはないかどうか、今、考えてるところですね。

（『安倍昭恵の日本のおいしいものを届けたい！』〔世界文化社〕カバー）

安倍昭恵さんが自民党総裁選後に開いた居酒屋「ＵＺＵ」。開店１年を機に、お店の様子などを紹介した本（左）が出版された。

（同書、６～７ページ）

6　韓国《かんこく》・朴《パク》大統領と「聖心《せいしん》つながり」で連携《れんけい》？

聖心《せいしん》の同窓《どうそう》のよしみで中・韓《かん》に「対話の窓口」を開きたい

綾織　そうなると、「安倍首相の抱《かか》えていらっしゃる、いろいろな仕事やテーマを見ながら、それをカバーするかたちで、何かしらの行動なり、発言なりをされている」という状態になりますよね？

安倍昭恵守護霊　うーん、庶民《しょみん》性というか、あるいは、反対の立場に立ってる人の気持ちをちょっと分かっているような、実際、「そういうふうになりたいな」と思ってはいるんです。

やっぱり、「首相は、『（首相指名選挙で）二分の一を超《こ》えればなれる』というものではないのではないか」と思うんですよね。「いったん首相になった以上は、日本国民全体の首相でなければならない」と思うのでねえ。

だから、「反対側の人の意見にも耳を傾《かたむ》けることが大事だ。二分の一でなったればこそ、そういうことも大事だ」と思うんですよね。

韓国《かんこく》にしたって、聖心《せいしん》のところで同窓《どうそう》なので、朴槿恵《パククネ》さんのところに何か通気《つうき》口《こう》を開《あ》けられないかなあっていう気持ちはちょっと持っているんですけどねえ。

綾織　去年のAPEC《エイペック》（アジア太平洋経済協力）の会合の際に、非常に印象的な場面がありました。

それは、記念撮影《さつえい》のときに、朴槿恵さんがいらっしゃって、昭恵夫人がいらっしゃって、安倍首相がいらっしゃったのですが、昭恵夫人と朴槿恵さんが、握手《あくしゅ》

2013年 10 月、インドネシア・バリ島で開かれたＡＰＥＣ首脳会議で夕食前の記念撮影に臨む安倍首相と昭恵さん。昭恵さんは、韓国の朴槿惠大統領と握手をし、笑顔で言葉を交わした。

をして、会話をされていた場面です。

そのとき、安倍さんは、少しボーッとしているところもあったのですが、首脳会談ができないなかで、そのようにお話をされているというのは、非常に印象的だったのです。それも、ある程度、考えられてのことだったのでしょうか。

安倍昭恵守護霊　うーん、あともう一つは、今回（二〇一四年）、都知事に、舛《ます》添《ぞえ》さんがなられましたけども、あすこの奥《おく》さんも聖心なんです。

舛添さんは、都知事選のときには、「外交については一切《いっさい》、語らない。そういう立場ではないから」ということで、石原《いしはら》（慎太郎《しんたろう》）さんみたいなことを言わないように警戒《けいかい》されてましたが、本心はたいてい逆のことが多いのでね。国際政治学者でございましょう？

だから、中国・韓国のところ、外交ができないでいるところの、ソウルとか、北京《ペキン》とか、あのへんは（東京都の）姉妹都市なので、「姉妹都市ということで、首脳外交の代わりをやって、カバーできないか」っていうようなことを考えていらっしゃるはずなんですね。

だから、奥様あたりとも、そのへん連携《れんけい》しながら、「うちの主人の足りないところを、自民党が応援《おうえん》した票の分だけ、ちょっとお返ししてもらえないかなあ」と、今、思ってるんです。

まあ、主人が行けなくても、舛添さんが、例えば、ソウルに行ったり、北京に行ったりできて、向こうの要人《ようじん》と会えたりすれば、それは、やっぱり、「対話の窓口がまだある」ということになるから、「そういうふうに、上手にやれないことともないんじゃないかなあ」と、思ったりもしてるんですけどねえ。

「従軍慰安婦《じゅうぐんいあんふ》問題」に関して明かされた本心

綾織　このへんの、韓国の問題や、中国の問題については、今であれば、歴史問題が大きなテーマになっています。

例えば、韓国との間には、「従軍慰安婦《じゅうぐんいあんふ》問題」があるわけです。これに関しては、安倍首相の考え方と同じスタンスに立ちつつも、それ以外の部分をカバーしながらやろうと思っていらっしゃるのでしょうか。それとも、違《ちが》いはあるのでしょうか。

安倍昭恵守護霊　まあ、正直に申し上げますと、「第二次大戦以前のことについて、日本国民全体が辱《はずかし》めを受ける」ということは、私だって、あまり好きではないので。「そんな古い話を持ち出してきて、現在の日本人を辱める」というのは、やっぱり、外交のスタンスとしては、正しいスタンスだと、私は思ってません。現実にはね。

ただ、韓国のなかには、それを信じている人もたくさんいて、それが、政治的なテーマに、繰《く》り返し繰り返し出てきてやっていますので、あちらのトップの方も、それが本当にやりたいのかどうかは分からない面もあるんです。

プロパガンダとして言わないと、そうした人の勢力の部分を抱《だ》き込《こ》めないので、やってる部分もあるわけで、その〝ガスが抜《ぬ》けるような道〟をつくらなきゃいけないところはあるかもしれないし、それは誰《だれ》かが、やっぱり、耳を傾ける面を持たないといけないかもしれないので。

個人的に言うと、本当は好きではないんです。「おじいさんの代で悪いことをしました」みたいなことを、今の若い人たちにいっぱい言うのは……。まあ、特に、問題が問題ですので、ああいう少女の像をつくられて、「そうした少女を、意地悪《いじわる》な日本兵が悪さをして殺してしまう」みたいな、そういうのに、「はい。そうですか」と、スッと乗りたい気持ちは、正直に言って、ないんです。青少年のためにも、そういうことは、知らせたくないし、事実、もしあったとしてもね、「知らせたくない」っていうのが正直な気持ちですけども。

向こうのほうは、政局的には、それは、本当に〝踏《ふ》み絵〟みたいなもので、あちらはあちらで、「反日か、反日ではないか」というのが、まずは、大統領になるときの〝踏み絵〟なんですよねえ。

だから、「『反日だ』というスタンスを取らないかぎり、まずは（大統領選には）通らない」というような感じなんです。「親日」と言って、今、通るような状態には、ないんですよ。

もし、「竹島《たけしま》は韓国のものだ」とか言うような人が日本の総理になってるなら、「親日だ」と言っても通るかもしれませんけども、今の状態では通らないでしょうから、あの反日スタンスも、多少、吸収してやらなきゃいけない面はあるんですよねえ。

綾織　要するに、「そういう気持ちを肚《はら》に収《おさ》めながら、朴槿恵《パククネ》さんと話をされたりしている」ということですね？

安倍昭恵守護霊　うーん。「私はバカでいい」と思ってるんです。ちょっとバカでいいから、「軽口を叩《たた》いて、〝ガスを抜く〟のが仕事かなあ」と思ってはいるんですけどねえ。

綾織　いやあ……、すごく感動的なお話ですね。

安倍昭恵守護霊　いや、分かりませんよ。産経をたらし込むのも、朝日をたらし込むのも一緒《いっしょ》かもしれませんし、私も、相手が替《か》われば違うことを言うかもしれませんからね。

韓国《かんこく》との「付き合い方」について考えていること

吉川　「韓国《かんこく》とは、これからどのように付き合っていけばよい」とお考えでしょうか。

安倍昭恵守護霊　まあ、隣国《りんごく》ですので、「『仲が悪い』というのは、あまりいいことではない」と、基本的には思ってますよ。

北朝鮮《きたちょうせん》問題が、日本の大きな危機の一つではありますので、北朝鮮問題を考えたら、「北朝鮮と韓国の、両方とも敵に回している国家」っていうのはあまりいい感じじゃないですし、「韓国の大統領が、中国寄りになって、アメリカと日本との関係を切ろうとしてる」なんていうのも、そのまま実現させてはいけないと思う。やっぱり、柔道《じゅうどう》じゃないですけど、「逆技《ぎゃくわざ》をかけて、向こうの朴槿恵さんのほうを取り込まなきゃいけない」と思うんですね。

だから、中国のほうへ寄ってしまったり、北朝鮮に対しても、あまり融和《ゆうわ》政策のほうに持っていったりしないようにして、日米韓のトライアングルのところを守るように、こちらのほうも手繰《たぐ》り寄せなきゃいけないと思うし、このへんで、主人があまり暴走、独走して、なかの左翼《さよく》マスコミを焚《た》きつけて、向こうと同通《どうつう》してしまうような感じになったり、世論《せろん》形成されたりしてはいけないというふうには思ってます。

綾織　逆に、保守系の人たちから見れば、「昭恵夫人というのは、そのように、韓国とくっつこうとする」と。

また、かなり前ですが、中国の南京大虐殺《ナンキンだいぎゃくさつ》記念館にも行かれました。もちろん、安倍首相は絶対に行けないわけですが、奥様は、あえて行かれていると思うのです。それで、保守系の人たちから、ものすごい批判を浴びていました。

また、最近では、韓国のミュージカルを観《み》にいったり、日韓の交流の集《つど》いみたいなものにも参加されたりして、それ自体にも、かなりひどいバッシング、批判がありました。

結局、そうした批判を踏まえながら、あるいは、呑《の》み込みながら、されているのでしょうか。

安倍昭恵守護霊　でも、まあ、いいじゃないですか。「首相の安倍は嫌《きら》いだけど、奥さんは韓国を理解してくれている」と、向こうの人が思うなら、韓国も完全な敵にはならないで、止まりましょうから。

私、韓国語は堪能《たんのう》なので、韓国語で向こうの人と話してるところなんかを、(韓国メディアで)もし流してもらえるチャンスでもあれば、韓国国民にとっては、そうとう違いが出るんじゃないかとは思うんです。

だから、「私がバカであることは構わない」と思うんですよ。そういう役割だと思うんです。

例えば、ヒラリー・クリントンみたいに、賢《かしこ》いところで夫をカバーできないので、「バカなところでヘマをしながら、偶然《ぐうぜん》、夫の助けになってる」みたいな感じが、私の役割としてはいいと思うんですよねえ。

新たな「トレンド」を見失わないようにしている理由

斎藤　かなり〝捨て身的〟な、夫の助け方だと思うのですけれども……。

例えば、韓国語を勉強なされたりとか、また、韓流《ハンりゅう》映画などもすごくお好きで、よく観《み》られたりとか、そのあたりも、こういった構想というか、大所高所《たいしょこうしょ》から見て、「夫の助けになればいいな」とか、「自分が反対勢力に見られながらも、どこかで、何か偶然のようにして、夫を支えられないかなあ」とか、そういう思いを持ちながら、そのような行動を取っておられるのでしょうか。

安倍昭恵守護霊　いやあ、そんなことはないですけどね。ずっとずっと〝軽い〟ので、おばさまたちがみんな韓流にはまってるときには、一緒にはまってただけの……。

斎藤　ただ、はまっただけなのですか。

安倍昭恵守護霊　ええ。はまってて……。

斎藤　（笑）話を聞いていると、何かすごく高度な〝寝技《ねわざ》〟のようにも思えるのですけれども……。

安倍昭恵守護霊　いやいや、韓流には、はまってただけですけどもね。韓流ブームに、はまってるおばさま連中っていうのは、政治的な色分けとは別に、たくさんいるわけですよ、ほかにも。

だから、そうした韓流ブームにはまっていれば、韓流ブームにはまってる人たちの集いに、やっぱり出られるような付き合いができるようになりますので、そういうふうな趣味《しゅみ》とか好みとかで、また別のルートや人脈がつくれますのでねえ。

そういう意味で、私は、なるべく、トレンドみたいなものは見失わないようにしたいなとは思っておりますけどもねえ。

まあ、私が、「反原発」とか、「脱《だつ》原発」とか言って、主人の政策に反対しているように見えるのは、確かに不名誉《ふめいよ》なことだなあと思っていますが、やっぱり、経産省前のテントでずーっとやられてる、国会周辺のデモとか、ああいうものから、なんとかして解放してやりたい気持ちもあるんです。

岸《きし》首相は、本当に、安保闘争《あんぽとうそう》をやられて、そのあと、腿《もも》まで暴漢《ぼうかん》に刺《さ》されたりして、退陣《たいじん》もしましたよねえ。

ああいうふうに、暗殺を狙《ねら》われるような立場になっちゃいけないなと思ってるので。「家庭内政局で片《かた》をつけてくれないか」というふうな期待ででも、ちょっと〝吸い取った〟ほうがいいのかなとは、思っているんですけどねえ。

7　安倍首相の「健康問題」を妻から見る

病気を隠《かく》して、やっている人が多い「政治家」

綾織　首相を経験されているなかでのご苦労としては、ご病気のところが大きいですよね。

安倍昭恵守護霊　ああ、そうですねえ。

綾織　ここは、いい薬ができたとは言え、まだ不安があると思うのですけれども。

安倍昭恵守護霊　いや、まだ、本当は大変だと思いますよ。死にかけの病人がスーパーマンになるのは、そんなに簡単なことではありませんので。ただ、政治家の場合、みんな、病気を持ってても、隠《かく》してやってる人は多いですね。だから、総理をやったあとに亡《な》くなられる方はいっぱいいるし、在職中に亡くなられる方もいらっしゃいます。だいたい、総理が終わって、寿命《じゅみょう》が平均、一、二年っていう方が多うございますのでね。よほど、鉄人みたいな方は別ですが、そういうこともあるので、みんな、そういう体の苦痛と闘《たたか》いながら、やってると思いますよ。

舛添《ますぞえ》さんだって、都知事選で九十回も演説したとか何か、言っておられましたけども、腰痛《ようつう》持ちですよねえ、実際は。だから、普通《ふつう》の車に乗れないので、ワゴン車にいつも乗ってやっています。

「昔は、スプリンターで、何百メートル走で優勝した」とか、そんなのを、一《いっ》生懸命《しょうけんめい》、宣伝しながら、腰痛《ようつう》のほうは隠して、やってらっしゃるでしょう？

まあ、政治家ってそんなもんですのでねえ。

弱みは、そんなに出せないところです。敵がいっぱいいますし、内部の敵もいるのでね。ライバルが蹴落《けお》としにかかってきますから。

今だって、安倍がおむつしてるかしてないかは、誰《だれ》も分からないですよ、それはねえ。それは秘書だって分からないかもしれない。

辞任後も「お役に立ちたい」と願っていた安倍首相

綾織　最近、「あげまん」というテーマに関心がありまして……。
安倍昭恵守護霊　（笑）ちょっと、何か、私にはあれでございますが……、饅頭《まんじゅう》屋ではないもので……。

綾織　いえいえ。そういうご病気をお持ちのなかで、首相を退任されて、そのあとも、そうとう苦労をされてきたと思うんですけれども……。

安倍昭恵守護霊　そうですね。「もう引退してもいいかなあ」と思ったこともあるんですけどねえ。

ただ、国の将来について、ずいぶん心配していましたんでね。（主人は）自分としては、総理をやったので、それで駄目《だめ》だったんなら、もういいかなっていう気持ちもあったんですけど、志《こころざし》を継《つ》いでくれる人が、いるかいないか、出るか出ないかっていうところはあるからねえ。

それに、反対のほうに、国が向いていこうとしていましたからねえ。自分が負けることで、あとはずーっと自民党が凋落《ちょうらく》していく流れができてしまったんで、それに対する自責《じせき》の念みたいなものが、そうとうあったみたいなんです。

まあ、自分が直接できるとは思ってなかったかもしれないけども、間接的にでもいいから、何か巻き返しの力になれないかっていうこともあったし、宮澤《みやざわ》（喜《き》一《いち》）さんみたいに、総理をやったあと、大蔵大臣をやったような人もいますけどね。

何か、お役に立てるようなところが、ちょっとでも……、まあ、チャンスが出てくることもあるかもしれないので。政界っていうのは、本当に、振《ふ》り子みたいに揺《ゆ》れますので、明日《あす》が分からないですからね。

だから、そのへんも考えて、年齢《ねんれい》的には、もうちょっと、まだ行けるし、体調のほうは、新薬のおかげで、元よりは具合がよくなったのは間違《まちが》いありませんからら。

だけど、「完全」とまでは、相変わらず言えないし、「昔に比べれば、ずーっとよくなった」ということは言えますけど、やはり激務ですから、健康な人でもちょっときつい。

オリンピックの選手だって、時差があるところに行ったら、やっぱり滑《すべ》れないじゃないですか。調整が、すごく難しいですよね。

そういうことを、日本の政治家も、時差調整なしでやってますから、まあ、厳しい仕事だと思います。

「バカな奥《おく》さん」に見えるように頑張《がんば》っている

吉川　万全《ばんぜん》ではない旦那《だんな》様の安倍首相を支えていかれているときに、例えば、家庭内で、どのようなお言葉をかけてあげたり、妻として、どのように接していらっしゃったりするのでしょうか。

安倍昭恵守護霊　できるだけ、バカに見えるように頑張《がんば》ってます。

斎藤　え？　「バカ」ですか？

安倍昭恵守護霊　うん！

斎藤　自分が？　安倍首相から見て、「バカ」と言われると？

安倍昭恵守護霊　いやいや、自分がね。

斎藤　あ、自分がバカに見えるように？

安倍昭恵守護霊　ええ。〝バカな奥《おく》さん〟に見えるように頑張ってます。

斎藤　はああ……。

安倍昭恵守護霊　あんまり、「賢《かしこ》い奥さん」にならないようにしようとしてます。賢い奥さんだと批判的になるから、バカに見えるように頑張ってます。

安倍の病気の一つは、例のお腹《なか》の病気がありますけど、もう一つの〝病気〟があります。

それは、霞《かすみ》が関《せき》に蔓延《まんえん》している「学歴信仰《しんこう》」っていう〝ウイルス〟で、あの「高学歴信仰」という〝ウイルス〟に対して注射をし続けないと、あそこでは戦い続けられないいんです。

霞が関、永田町《ながたちょう》では、学歴がけっこうものを言いますし、高学歴の政治家や、官僚《かんりょう》たちに取り囲まれていますので、ここでコンプレックスを持ってしまうと、やっぱり押《お》されてしまったり、無理して強気になったり、喧嘩《けんか》を売ったりするようなことがけっこう出ます。あるいは、賢いところを見せようとして頑張ったりすることがあるので、この〝ワクチン〟を打たないといけないんですね。

それには、やっぱり、奥さんがあんまり賢くないことがいちばんよろしいので、「私がバカであろう」と、家のなかでも思ってます。

8　聖心《せいしん》の「良妻教育」の秘密とは

政治にとって非常に大事な「人脈ルート」

吉川　昭恵さんは、非常に献身《けんしん》的で、「あげまん」として理想といいますか、モデルだなあと思うんですけれども。

安倍昭恵守護霊　いやあ、計算して言っているかもしれませんよ。よく書いてもらおうと思って。

吉川　（笑）（会場笑）

斎藤　なるほど。計算して（笑）。

安倍昭恵守護霊　これはもう習性ですので。

斎藤　いや、ここはぜひ、素《す》のままで、つくられずに……。

安倍昭恵守護霊　「よく書いてもらおう」っていうのは、もう習性ですので。

吉川　その「あげまん」の力を身につけたのは、出身である聖心《せいしん》女子学院の教育なども関係しているのでしょうか。

安倍昭恵守護霊　うーん……。まあ、確かに、政界にはかなり人脈がありますよねえ。聖心出身の方が政治家の奥《おく》さんになっているケースはかなりあるので、それは、政党を横断して、かなり散らばってはおります。そういうのがありますよねえ。

まあ、それもあるし、もう一つは、そうした奥さんのつながりと言わず、その奥さんのお父さんたちが、みんな、実業家だったり、そうした立場にある人がわりに多いので、そのへんとのつながりもできるところはあるんですよね。

だから、間接的に、同窓生《どうそうせい》とか、後輩《こうはい》や先輩がいろんなところをつなぎながら、紹介《しょうかい》してもらうかたちでつながることができます。非公式なルートがもう一つできますのでねえ。

そのへんは、慶応《けいおう》なんかの人もそういうのをよくやっているんでしょうけども。まあ、慶応出の奥さんをもらっている人って、あんまりいないとは思いますけども、そういうふうな人脈ルートっていうのは、政治にとっては非常に大事なところですのでねえ。

おたく様の学生さんなんかからも、献本《けんぽん》いただいたりしますしね。

まあ、そういう親近感を持っていると思うところは、できるだけルートを潰《つぶ》さないようにしなきゃいけないですよねえ。

霊的《れいてき》には「日本神道《しんとう》」と「キリスト教」の引っ張りがある

吉川　そのルートというのは、特に今、聖心女子学院出身でご活躍《かつやく》されている方が、国谷《くにや》裕子《ひろこ》キャスターですとか、曽野綾子《そのあやこ》さんですとか、たくさんいらっしゃると思うんですけれども、霊的《れいてき》にも、何かつながっていたり、

『クローズアップ国谷裕子キャスター』
（幸福の科学出版）

関係があったりするのでしょうか。

安倍昭恵守護霊　まあ、霊的には、多少、難しい面はあります。

皇后様が、「聖心のときに（キリスト教の）信仰《しんこう》を持っていないんで、日本神《しん》道《とう》系に入《はい》れる」というふうなかたちで入られたので、「天皇制や日本神道のほうに敵対的な態度は、あんまり取っちゃいけない」っていうことは、基本的にあるんです。

やっぱり、キリスト教界のほうを強く引っ張ってくると、気をつけないとアンチになることもありうるので。だから、キリスト教だから、全部どうとは言えない部分があります。

キリスト教は、日本では少数でございますので、どっちかといえば、天皇制なんかに迫害《はくがい》された気分のほうが強いでしょうから。まあ、両方の引っ張りはありますねえ。

「キャリア女性でも、良妻賢母《りょうさいけんぼ》でもない」という自己評価

綾織　昭恵さんは、聖心女子学院の小中高、そして専門学校にも行かれているわけですけれども、聖心でずっと過ごされていて、ある意味で、「良妻賢母《りょうさいけんぼ》的な部分」と、「自立した女性の部分」の両方を持たれていると思うんですよね。

世の中で活躍している方には、すごく自立した方もいらっしゃれば、そういう支える方もいらっしゃって、この両方が出てくるのが、けっこう不思議だなと……。

安倍昭恵守護霊　だから、私、中途半端《ちゅうとはんぱ》なんですよねえ。

綾織　あ、そうなんですか（苦笑）。

安倍昭恵守護霊　キャリア女性としてバリバリやれるほど、才能が溢《あふ》れているわけではなく、良妻賢母で徹《てっ》せられるほど、女性的でもなく、その中途半端なあたりなんです。ちょうどねえ。

「社会的順応性」「上流階級のカルチャー」を教育する聖心《せいしん》

斎藤　ただ、ご主人を支えるのに、小賢《こざか》しい知恵《ちえ》のようなものを振《ふ》りかざすのではなくて、言葉は悪いですけれども、先ほどの〝バカ〟というか、本当に明るく、優《やさ》しく接しているような、そういう「肚《はら》」というのは、森永製菓《もりながせいか》の社長業をしていたお父様のお姿を見て学んだのでしょうか。または、聖心《せいしん》女子学院の小中高、英語の専門学校、または立教《りっきょう》大学大学院などで、学んだのでしょうか。

そのへんは、どのような〝肌触《はだざわ》り〟なのでしょうか。

安倍昭恵守護霊　まあ、確かに、何て言うか、「勉強がよくできて、偏差値《へんさち》競争で勝つことで尊敬される」っていう道もあるし、最近は、そういう女性も多いようには思いますけども、そんなに味方がいっぱいできるわけではないですよね。

自分が尊敬されるような職業に就《つ》くなり、あるいは、競争に勝てば丸勝ちになるようなものには向いているとは思うんですが、多くの人たちのネットワークをつくっていくようなことになると、もうひとつ合わない面はあると思うんですね。だから、「タレントとかが人気がある」というのとは、ちょっと話が違《ちが》ってくると思うんですよ。

聖心みたいなのは、やっぱり、何て言うか、「社会的順応性」とか、どっちかといえば「日本の上流階級に入っていけるようなカルチャー」みたいなものを教育している傾向《けいこう》は強いですよねえ。

実業家のほうで見ると、うーん……、どうでしょうかねえ。

基本的には、お客様は神様ではありますので、やっぱり、クレームには注意して対応しなければならないし、「できるだけ評判を上げなければいけない」っていう気持ちは、もちろん流れていたでしょうね。

それが実業としての成功の秘訣《ひけつ》ではありますわねえ。そういう気持ちは、ちょっとは持っていたのかなあとは思います。

マスコミにバカにされやすい「成蹊《せいけい》大卒の安倍首相」

安倍昭恵守護霊　いや、安倍も成蹊《せいけい》の〝エスカレーター〟で上がっておりますけども、マスコミもきついのでねえ。麻生《あそう》さんのときのいじめ方はすごくきつかったでしょう?　漢字が読めないとか、「踏襲《とうしゅう》」を「ふしゅう」と読んだとか、なんか幾《いく》つかありましたよねえ。なんかひどいバカにする仕方……。

綾織　「みぞうゆう」とかありましたね。

安倍昭恵守護霊　うーん、まあ（笑）、そうですね。「未曾有《みぞう》」を「みぞうゆう」と読んだとか。

学習院っていうのは、天皇家の〝あれ〟でしたからねえ。守るための要塞《ようさい》みたいな学校だったので、「学習院を卒業している人がそんなにバカにされる」っていうのは、本当は、日本社会ではあってはならないことではあるんですけどねえ。だけど、成蹊大なんかでしたら、さらにみんなの意識は遠くて、学習院のほうがまだ守られているはずなんですよねえ。伝統的には、日本文化のなかでは守られているはずなので。

成蹊大なんかの卒業生で、そんなに活躍している人なんて、探すのが難しいぐらいですから、日本文化では。

マスコミ人たちは、ほとんど「自分らのほうが上だ」と思っているので、このなかで、「バカにされないで仕事をする」っていうのは大変なことなんじゃないんですかねえ。

聖心《せいしん》の「専門学校」に進んだ理由とは

綾織　お話をお伺《うかが》いしていますと、おそらく、守護霊様としては安倍首相と結婚《けっこん》される予定でいらっしゃったと思いますし、聖心《せいしん》の小中高を出られますと、聖心女子大に入られるのが普通《ふつう》なんですけれども、英語の……。

安倍昭恵守護霊　あなた、それは今、タブーに触《ふ》れようとしているんですよ。

綾織　あ、そうですか。

安倍昭恵守護霊　まあ、言っときますけど。

綾織　まずいですかね？

安倍昭恵守護霊　あらかじめ言っときますけど。ああ、いいですよ。どうぞ、言ってください。

綾織　将来的なことも想定しながら、あえて、聖心の英語の専門学校を……。

安倍昭恵守護霊　「あえて」というところに問題があるんですよね。

綾織　あっ、すみません。

安倍昭恵守護霊　「行けなくて」という言い方もあるんですよ。

綾織　なるほど。

安倍昭恵守護霊　だから、上位の方は、みんな、ちゃんと女子大に進んでおられますから、間違いなく。行けなくて、そちら（専門学校）へ行く人は、「一科目だったら高等教育に堪《た》えられる。ほかの科目はもう無理です」というのもあるわけでございますからね。

綾織　普通だと内申で決まるかなあと……。

安倍昭恵守護霊　いや、そんなことないですよ。やっぱり勉強的に見て、「常に下から数えて、どのくらいまでをキープしておれば、専門学校に行けるか」っていうラインは、聖心にもございますから。

綾織　それも、そういうふりをしている？

安倍昭恵守護霊　いやいや。「ふり」をしているんじゃなくて、本当に、これは、客観的な数字でしょうね。

綾織　ああ、なるほどね。

安倍昭恵守護霊　それは、英文だって、大学の英文に行ったほうがよろしゅうございましょうね。一般的《いっぱん》にはね。

でも、客観的には、この専門部の英文であるがゆえに、安倍は家で伸《の》び伸びと羽を伸ばしているところはあるのかもしれませんね。

綾織　そうですよね。結果的には、よい方向に行ってますね。

安倍昭恵守護霊　聖心の女子大を出ても、東大エリートと結婚できるんですよ、日本社会ではね。家柄《いえがら》がよければね。そういう方はいっぱいいらっしゃいますね。あの舛添《ますぞえ》さんのところもやってます。そうなっていますよね？

まあ、そういうところもございますので、私の、知的にちょっと抜《ぬ》けている部分が、安倍を救っている面はあると思います。

「代表して言えるような立場ではない」という姿勢

吉川　昭恵さんは、夫を支える妻として理想的だなと思います。一方で、インタビューなどですと、「これから、もっと女性が輝《かがや》ける社会にしたい」ということもおっしゃっていると思うのですが……。

安倍昭恵守護霊　それは言わないと、票にならないでしょう。

吉川　（笑）

安倍昭恵守護霊　そう言わなきゃいけないでしょう？

吉川　実際、これからの女性は、どのような生き方がよいと思いますか。昭恵さんから見ていて……。

安倍昭恵守護霊　まあ、ちょっと子育て自体はしなかったので、代表して言えるような立場にはないんですけど、「それだけ自由な時間があった」ということでもありますのでね。

うーん、橋本龍太郎《はしもとりゅうたろう》夫人みたいに五人も子供がいるようなあれでもありませんし、舛添夫人みたいに、ちょっとややこしいお子様関係をお持ちの方とも違うので、ちょっと何か、内職的な仕事ぐらいはしないと、退屈《たいくつ》するぐらいの立場ではあったのは事実なのでね。

まあ、そのへんは、はっきりと言いかねる部分はありましたが、まあ、雅子《まさこ》さまが、なかなかお子様ができなかったことなんかには、いたく同情を禁じえなかった面はありますけどもねえ。

ファーストレディ「ミシェル夫人」との競争は無理

吉川　「ファーストレディとしても非常に理想的に動いていらっしゃる」という気もするんですけれども。

安倍昭恵守護霊　さあ、それはどうですかね。

吉川　他の国のミシェル夫人ですとか、ほかのファーストレディの方々を見ていて、もし理想にされている方や、「よくできるな」と思う方とかがいらっしゃれば教えてください。

安倍昭恵守護霊　ミシェル夫人と言っても、オバマ大統領と一緒《いっしょ》に、黒人としては、たぶん、最高級のインテリなんでしょうから。「女性でハーバード出の弁護士で、夫のチューター（指導役）をしていた」っていうんでしょう？「オバマさんの職場で、先輩弁護士としてオバマさんに弁護士の手ほどきをした」っていうぐらいの人なんでしょう？

ミシェル・オバマ（1964～）
第44代アメリカ合衆国大統領バラク・オバマの妻で、アメリカ合衆国史上初のアフリカ系アメリカ人のファーストレディ。ハーバード大学ロースクール在学中、シドリー＆オースティン法律事務所に採用され、バラク・オバマと出会った。

だから、頭が上がらないぐらいの方ですよねえ。ものすごく珍《めずら》しいと思うんですよねえ。黒人女性でハーバードを出て、弁護士をされて、本当の〝上澄《うわず》み〟というか、ベスト・オブ・ザ・ベストなんだと思うんですけども。

まあ、そういう黒人というハンディはあるんでしょうけども。黒人でも、最高級でないとなかなか行けなかった面はあるんでしょうけどねえ。

それと競争するのは無理ですよ。それは、向こうのほうがよっぽど優秀《ゆうしゅう》でしょう。そういうものでは無理なので、まあ、できるだけ日本の伝統的な価値観を味方につけないといけないだろうと思ってますねえ。

「気の毒な朴槿恵《パククネ》大統領」を慰《なぐさ》めたい気持ちはある

安倍昭恵守護霊　朴《パク》さんは、結婚もされていないのかなあ。

そういう意味で、お気の毒ですし、ご両親も亡《な》くされて、才能だけで上がられたんだろうとは思いますけども。なんかちょっと気の毒な感じには、同情しますけどもねえ。でも、頭はいい方なんでしょうから、きっとねえ。

だから、もうちょっと慰《なぐさ》めてあげたい気持ちはありますねえ。やっぱり、その同情を引きたい気持ちみたいなのを、きっと心のなかにお持ちなんだろうと思うので、それがああいうふうな感じで、攻撃《こうげき》的に出ている面もあるのかなあという感じがしますね。もうちょっと同情されて当然のところをされないと、不満に思う感じがあるのかなあというふうには思いますねえ。

だから、気の毒ですよね。「両親とも暗殺される」なんていうのは、普通、悲劇としても、ちょっとねえ。

2014年２月15日、17日に朴槿恵守護霊の霊言を収録した。『守護霊インタビュー 朴槿恵韓国大統領 なぜ、私は「反日」なのか』（幸福の科学出版）

今、非常に難しくなっている「女性の役回り」

安倍昭恵守護霊　まあ、ケネディ家もあるので、最近、怪《あや》しい関係のそんな人が増えてきていますけども。ケネディ家の長女の生き残りの方とか、ちょっと出てきてますのでね。

男性のいい生き残りがいないために、女性がそういうかたちで出てくるみたいな、そんなのがあるので、最近、何とも言えないですね。

タイなんかでも、お兄さんを助けたい妹が首相をしてて、「おまえも一緒に国外へ出ていけ」みたいな感じの運動をされてて、なんか気の毒です。

女性も今、非常に難しい役回りなんだなあと思うと同時に、やっぱり、男性に万一《まんいつ》のことがあったときに、女性がやらなきゃいけないようなこともあるのかなあっていう感じですよねえ。

キャロライン・ケネディ（1957 ～）
第 29 代駐日アメリカ合衆国大使。第 35 代アメリカ合衆国大統領ジョン・F・ケネディの長女。2013 年駐日大使に着任。『守護霊インタビュー 駐日アメリカ大使キャロライン・ケネディ 日米の新たな架け橋』（幸福の科学出版）

インラック・シナワット（1967 ～）
タイ王国第 36 代首相（現職）。タイ史上初の女性首相。第 31 代首相タクシン・チナワットの妹。名門チナワット家の出身と経営者としての経験を買われ、2011 年、首相に就任。訪日歴多数。『守護霊インタビュー タイ・インラック首相から日本へのメッセージ』（幸福の科学出版）

9　昭恵夫人の「あげまん偏差値《へんさち》」は？

毎朝、首相が「ゴミ出し」をさせられたら

斎藤　男性観に対してはどうでしょう？　「女性」と「男性」という性別がありますけれども……。

安倍昭恵守護霊　ええ。

斎藤　例えば、舛添《ますぞえ》さんの奥《おく》さんが、夫に「ゴミ出しに行け」と言って、ゴミ係にさせたりとか……。

安倍昭恵守護霊　いやいや、そんな不遜《ふそん》なことは、私は……。

斎藤　いや、舛添さんの奥さんと同様に、曽野綾子《そのあやこ》さんも聖心《せいしん》出身ですが、夫の三浦朱門《みうらしゅもん》氏に、「ゴミを出しに行きなさい」ということをしているようですが、そういうタイプではないですか。

安倍昭恵守護霊　ぜーんぜん、そういうことについては、私は何も関知しておりませんので。そういう〝躾《しつけ》〟のような教育は、一切《いっさい》、ございません！　そういうことは……。

斎藤　ないですか。

安倍昭恵守護霊　まったくないんです。それは、ご主人様が奥様を愛しすぎているために、奉仕《ほうし》されているんだというふうに考えますね。

斎藤　ああ。

安倍昭恵守護霊　いくらなんでも、首相にゴミ出しをさせるわけにいかないでしょう？（会場笑）

斎藤　いや、そうかなと思って。いやいや（笑）。

安倍昭恵守護霊　それは無理でしょう。

斎藤　さすがに、それはないですか。

安倍昭恵守護霊　毎朝、同じ時間にゴミ出ししていたら……。

斎藤　ＳＰがついちゃいますね（笑）。

安倍昭恵守護霊　頭を叩《たた》かれたりするといけませんから、そういうわけにはいかないでしょう。

斎藤　すみませんでした。

「サラブレッド」を見つけて貢《みつ》ぎ、出世させる聖心《せいしん》女子

斎藤　ということは、つまり、「内助《ないじょ》の功《こう》」といいますか、「補助者に徹《てっ》する」といいますか、競《きそ》い合うというよりは……。

安倍昭恵守護霊　いやいや。まあ、聖心《せいしん》自体は、だいたい男子と競って勝てる学校ではないのでね。それよりは、「良妻賢母《りょうさいけんぼ》」とか、何かそういう、うーん……。いや、でも、舛添さんのような感じの、田舎《いなか》から来たすごい〝サラブレッド〟を、東京にいるお金持ちが、聖心に入れておいた娘《むすめ》と会わせて、出世させるとか、跡《あと》を継《つ》がせるとか、そんなようなことに使う学校なんですよ。もともと、そんな学校なんです。

だから、「〝サラブレッド〟を見つけて、それに貢《みつ》いで、あと、訓練を積ませて、

出世させる」みたいな、だいたいそんなことを考えてる親が、娘をやる学校ではありますねえ。ええ。

「夫のよき相談相手」は妻よりも幽霊《ゆうれい》!?

斎藤　昨日《さくじつ》（二〇一四年二月二十一日）、大川隆法総裁が「『あげまんの法則』――夫を出世させる法――」というタイトルでお説きになり、「あげまんの三つの条件」を出されました。ここでは、全部は開示・ご紹介ができないのですが、そのなかで、「ご主人の相談に乗ってあげる」という論点が一つ出されました。

毎日お話をするなかで、相談に乗ってあげるようなことなどもされているんでしょうか。

安倍昭恵守護霊　あ、それはもう、全然ありませんね。

斎藤　（驚いて）え？　ない？

安倍昭恵守護霊　ええ。主人は、今、首相公邸《こうてい》の幽霊《ゆうれい》たちが相談を受けてくださっているようですから（会場笑）（前掲《ぜんけい》『「首相公邸の幽霊」の正体』参照）。

斎藤　何も相談していないんですか。

安倍昭恵守護霊　やっぱり、総理ぐらい経験した人でないと、相談に乗れないでしょうから。

斎藤　ああ……。

安倍昭恵守護霊　私なんかもう、全然、相談にはならないですね。もう、目を離《はな》したら、いかに勝手なことをしてるか、そちらのほうが気になってしかたないほうじゃないでしょうかねえ、きっと。私が何をやっているか分からないので、全然、相談になんかなってませんよ。

綾織　おそらく、「家庭のなかで、安倍首相がどういう気持ちでいるか」というようなところを察して、何かをしたりしなかったりというところを変えているのかなという感じがしますが……。

安倍昭恵守護霊　うーん。まあ、体調のこともあってね。ルックスはいいんで、「ちょっと惜《お》しいところもあるなあ」と思っているんですが。もう少し、体力が強靱《きょうじん》であれば、活発に動くこともできただろうし……。

「安倍家の跡継《あとつ》ぎ問題」についての意外な本音

安倍昭恵守護霊　できたらね、舛添さんみたいに精力家になっていただいて、「外で子供の三人や四人ぐらい産ませておいてくれればよかったのに」と思うんですけどねえ。

綾織　あ、それでもいいんですか。

安倍昭恵守護霊　ええ、いいと思いますよ。

綾織　そうですか（笑）。

安倍昭恵守護霊　それは、いいんじゃない？

斎藤　すごい方《かた》ですねえ。

安倍昭恵守護霊　私が産めなかったら、側室《そくしつ》をほかに持つべきですよ。そんなの、当たり前ですよ。

綾織　はあ……！　そうですか。

安倍昭恵守護霊　でも、「主人の血を引いている子がいる」っていうのは、ほんとは、跡継《あとつ》ぎにはいいじゃないですか。そのくらい太《ふと》っ腹《ぱら》でなければ、やっぱり駄目《だめ》ですよ。うーん。当たり前ですよ。もう、そのくらいでなきゃいけない。だから、ちょっと残念。舛添さんほど、そんなに「絶倫《ぜつりん》」と書いてくださらないのが残念で残念で（会場笑）。週刊誌に「絶倫」と書いていただきたいなあと。夫を「精力絶倫で……」って書いていただきたいと思うけど、誰《だれ》も書いてくれないので、ちょっと残念ですね。うん。

「妻としての霊感《れいかん》」は外《はず》れっぱなしで、夫は当選？

斎藤　あと、先ほど、対マスコミの話もありましたが、世間《せけん》のさまざまな価値観とのぶつかり合いのなかで、昭恵夫人は一種の〝防波堤《ぼうはてい》〟といいますか、エネルギーを抜《ぬ》く、あるいは〝アース〟するような役割もされていると思いますけれども……。

安倍昭恵守護霊　うーん。

斎藤　大川隆法総裁から、その「あげまんの法則」の法話《ほうわ》の質疑応答のなかで、一つのヒントとして頂いているのは、「夫を出世させるためには、妻の勘《かん》がいいことが大事だ」と。

安倍昭恵守護霊　勘!?

斎藤　「特に、霊感《れいかん》が要《い》る」と。

安倍昭恵守護霊　霊感ね。うーん。

斎藤　昭恵夫人は、霊感はありますか。

安倍昭恵守護霊　霊感、もう、いつも外《はず》れてます。

斎藤　え？（笑）

安倍昭恵守護霊　「主人は絶対当選しない」とか、「主人は絶対落ちて、ならない」とか思って、いつも、だいたい反対のことを言ってて、それで向こうも腹が立って、頑張《がんば》って当選したりしてるんじゃないですか。なんか、うん。

綾織　それを、あえてされて……。

安倍昭恵守護霊　でもねえ、夫は、賢《かしこ》いことを言ってくれることもあるんですよ。私が、実際には反対してても、（外では）「家内《かない》に後押《あとお》しされて立候補して、当選した」とか言ってくださったりするんですよ。うーん、そういうことをできる人なんですよ。

ほんとは、「あんたなんて無理よ」って言ってても、「家内に後押しされて、勇気が出ました」とか、そんなこと、平気で言ってくださるので、「政治家になったなあ」と思いますよ、ほんとに。

10　安倍首相の「奇跡《きせき》の復活」の秘密

名家・鳩山家《はとやま》との「総理大臣競争」で夫が生き残った不思議

綾織　本心では、後押《あとお》ししてたりはしないんですか。「あえて奮起《ふんき》させる」というような……。

安倍昭恵守護霊　いや、本心としてはですねえ、うーん、まあ、もう終わってましたよね。はっきり言って。参院選で敗れたあと、「再起はちょっと、もう厳しいかなあ」っていう……。

総理には、戦後の最年少でしたかねえ、なれたこと自体は、奇跡《きせき》的なあれだったのに。小沢一郎《おざわいちろう》さんとかね、もっと力のあった方もいっぱいおられたのに、みんななれずにねえ。そのなかで総理になって。

あとは、「先祖が総理大臣だった」っていうので、あちらの鳩山《はとやま》家も出てきたりして、「どっちが本物の名家か」みたいな感じの、名家同士の総理大臣競争のようなあれもあったのかもしれませんですけどねえ。

鳩山さんのほうが、よっぽど優秀《ゆうしゅう》なんでしょうけど、主人のほうが生き残るなんていうのは、まことに不思議な感じがします。

綾織　その不思議なところの背景には、やはり、奥《おく》様の存在があるのではないかとは思いますね。

安倍昭恵守護霊　いや、そうではないんじゃないですかね。これは、たぶんですねえ、「日本神道《しんとう》の霊界《れいかい》の神々が応援《おうえん》してくださっているのではないか」と思うんですね。きっとそうだと思いますし、幸福の科学さんたちがずいぶん後押ししてくださっていることが効いてるんじゃないかと思いますね。

「高天原《たかまがはら》の神々」が首相官邸《かんてい》や公邸に出入りしている

斎藤　今、「日本神道の神々」という話が出ましたけれども、守護霊様から見られまして、そちらの目に見えない世界で、日本神道の神々の感じなどは受けたりしていますか。

安倍昭恵守護霊　うーん。いや、感じますよ。

斎藤　感じますか。

安倍昭恵守護霊　やっぱり、感じます。

斎藤　どんな感じですかね。

安倍昭恵守護霊　出入りしてると思います。

斎藤　出入り？　お家《うち》にですか。お家に出入りを……。

安倍昭恵守護霊　うん。わが家《や》であって、首相官邸《かんてい》も、公邸も、まあ……。

斎藤　首相官邸や公邸に？

安倍昭恵守護霊　出入りしている感じは、すごく受けますよ。それから、周りに集まってきている人も、そういう人たちなんじゃないかっていう感じは、ずいぶん……。

斎藤　そのなかに知り合いはいますか。

安倍昭恵守護霊　うん？　知り合いっていうのは、どういう……。

斎藤　日本神道の神々のような方々とか……。「知り合い」というのは失礼な言い方でしたけれども。

安倍昭恵守護霊　うーん。知り合いというような方は、ちょっと……。

斎藤　つながりといいますか……。

安倍昭恵守護霊　うーん。まあ、分かりませんけども。

毎晩、祈《いの》りのなかで「尊敬するあの志士」と対話する安倍首相

安倍昭恵守護霊　安倍は、それはもう一通り、日本神道の流れを尊敬申し上げておりますので、ええ。

特に、長州《ちょうしゅう》つながりのほうへのご尊敬はとてもありますので、「長州の英雄《えいゆう》たちは、みな神々だ」と思ってます。あと、「明治維新《いしん》の志士、明治で偉《えら》くなった方々、日清《にっしん》・日露《にちろ》戦争に勝たれた方々は、みな神々だ」と、安倍は思っています

よ。
だから、「それは、昔の高天原《たかまがはら》に降りた方々なんだろう」というふうには考えているとと思いますよ。

綾織　実際にいらっしゃっている方は、どういう方ですか。

安倍昭恵守護霊　吉田松陰《よしだしょういん》先生とは、毎晩〝対談〟していらっしゃるような気がします。

斎藤　おお！

綾織　そうなんですか。

安倍昭恵守護霊　ええ。なんか、リンカンが、毎晩、神に祈《いの》っていたような感じで、毎日祈って、松陰先生とは対話しているような感じがしますけどね。

綾織　なるほど。

二〇一三年末に安倍首相が「靖国参拝《やすくにさんぱい》」を決行した真意

斎藤　この前、大川隆法総裁が吉田松陰先生を招霊《しょうれい》されまして、『吉田松陰は安倍政権をどう見ているか』（幸福実現党刊）という題の本を出されましたけれども、それは読まれて……。

安倍昭恵守護霊　ええ、ええ。存じています。

吉田松陰（1830 ～ 1859）
長州出身の幕末の志士、兵学者、陽明学者。松下村塾で優秀な人材を数多く輩出、明治維新の原動力となった。

『吉田松陰は安倍政権をどう見ているか』（幸福実現党）

斎藤　ご存じですか。

安倍昭恵守護霊　うん、存じています。

斎藤　それでは、そちらに届いて、しっかりと……。

安倍昭恵守護霊　ええ。(吉田松陰に、百点満点中の評価で言えば)「三十点」と付けられたって……。

斎藤　「三十点」ということも！　そこまで詳《くわ》しく……。

安倍昭恵守護霊　ええ、存じております。ただ、「あれは、厳しい愛なんだ」というふうに理解していて、だから、「やっぱり、年末、どうしても靖国《やすくに》に行かなきゃいけない」と……。

斎藤　ああ、それで年末に行ったんですか。

安倍昭恵守護霊　うーん。落第点を付けていただいたんで、「あえて、これは行かなきゃ駄目《だめ》だ」ということで、奮起して行ったみたいで、やっぱり……（注。安倍首相は、二〇一三年十二月二十六日に靖国神社へ参拝《さんぱい》した）。

斎藤　吉田松陰先生の一喝《いっかつ》が届いたんですか。

安倍昭恵守護霊　「松陰先生に叱《しか》られた。合格点をもらえなかった。六十点以上あればギリギリ合格なんだろうけど、三十点じゃ不合格だなあ。三十点を、なんとか及第点《きゅうだいてん》にしてもらうためには、『おまえ、もう一頑張《ひとがんば》りしなきゃ駄目だ』というふうに思ったようです。

NHKも、（来年は）吉田松陰関係のドラマもやるようでございますね。

また、来年度からの小学校の教科書に吉田松陰先生、坂本龍馬《さかもとりょうま》先生等も登場されるということで、もう一回、そうした偉人《いじん》を登場させるっていうのを、（文部科学大臣の）下村《しもむら》（博文《はくぶん》）さんともお話しされてやっていますので、ご指導を受けているみなさまがたのお力に対しては、常々感謝してるように思いますねえ。

居酒屋「UZU《うず》」のネーミングと、日本神道《しんとう》との縁《えん》

綾織　ご自身も、日本神道《しんとう》系のお一人というか……。

安倍昭恵守護霊　うーん、日本神道のいちばん下のほうの神様なんでしょうね。

綾織　下かどうかはちょっと分かりませんけれども、協力して、一緒《いっしょ》に仕事をしてこられた方ですね。

安倍昭恵守護霊　だから、「天宇受売命《あめのうずめのみこと》では畏《おそ》れ多いから、『うず』だけを取って、お店（の名前）にする」というぐらい。「あ・め・の・う・ず・め・の・み・こ・と」ですから、十分の二ですね。まあ、五分の一ぐらいの偉さだと考えていると見てくださって。その「う・ず」を取って、「UZU《うず》」でしょ？

綾織　（笑）天宇受売命様とご縁《えん》のある方ですか。

安倍昭恵守護霊　だから……、まあ、神々の前で、踊《おど》ったり歌ったり、酒を配ったりする程度の仕事ですよ、私の仕事はね。そういう仕事だと思ってますので。

「過去世《かこぜ》は地方の小大名の娘《むすめ》ぐらい」と謙遜《けんそん》

斎藤　そんなにご謙遜《けんそん》なさいますが、先ほど、「安倍の子孫がどんどん続いていけばいいんだ。私は（側室《そくしつ》を許す）肚《はら》はあるんだ」というようなお話をされたではないですか。

安倍昭恵守護霊　そうなんですよ。なんで、ちゃんと側室をつくってくださらないのか、本当……。

斎藤　いえ、そういう感覚をお持ちの方は、例えば、過去世《かこぜ》で、武家の頭領《とうりょう》などを支えるとかいうようなご体験があるのではないかと思うのですが、そういうのはないですか。

安倍昭恵守護霊　うーん、まあ、私はあんまり偉くないほうがいいので、そういうのはどうでしょうかねえ。まあ、あったとしても、どうせ、地方の小大名の娘《むすめ》ぐらいですよ。だから、名もなき娘ですよ。司馬遼太郎《しばりょうたろう》が絶対に書かないような人だと思いますよ。

11　昭恵夫人の「宗教観」とは

安倍首相が強気に出すぎたときに演出される「キリスト教精神」

吉川　一方で、聖心《せいしん》女子学院はカトリックの学校だと思うのですが、昭恵さんの父方と母方の両方の曾祖父《そうそふ》がキリスト教徒かと思います。

安倍昭恵守護霊　細かいですねえ。

吉川　（笑）森永《もりなが》太一郎《たいちろう》さんはじめ、そうですね。

安倍昭恵守護霊　細かいですねえ。ええ。

吉川　ですから、キリスト教系とも、少しご縁《えん》があるのではないかと思うのですが、そちらのほうでは……。

安倍昭恵守護霊　幸福の科学さんっていうのは、理想的な宗教ですよね。キリスト教も、仏教も、神道《しんとう》も、みんなオッケーなんでしょう？　素晴《すば》らしい「日本教」ですよね。もう本当、日本を代表する大教団ですよねえ。すべての宗教に通じるんでしょう？

吉川　はい。

安倍昭恵守護霊　ねえ、素晴らしいじゃないですか。それでこそ大神《おおかみ》ですよねえ。本当ねえ。

綾織　質問のほうを……（笑）。

吉川　（笑）

安倍昭恵守護霊　ええ？

斎藤　キリスト教との関係について。

安倍昭恵守護霊　え？　何、キリスト教……。

斎藤　残り時間もなくなってきましたので、ひとつ、よろしくお願いします。

安倍昭恵守護霊　やっぱり、人に対して愛を差し伸《の》べるっていうかね、手を差し伸べることは大事でありますけど、ときどき、安倍が軍神《ぐんしん》系のほうに引かれて、ちょっと強気に出すぎるところがあるので、「多少、キリスト教精神を入れて、弱きを助ける部分も演出しなきゃいけないのかなあ」というふうに思ってはおるんですけどもね。

安倍首相の過去世《かこぜ》の一つ、大伴家持《おおとものやかもち》時代のご縁《えん》は？

綾織　もし、安倍首相にとってPR的にプラスになるようなもので、何か紹介《しょうかい》していただける昭恵さんの過去世《かこぜ》のご経験があれば……。

安倍昭恵守護霊　私は、もう本当に役立たずですので、本当にちょっとしか仕事ができないんですよ。ちょっとしかできないので、そんな、名のある偉《えら》い方であってはならない……。

綾織　あるいは、「誰《だれ》かを支えた」というような、ご経験などは……。

安倍昭恵守護霊　いや、私は、そういう〝浮気《うわき》〟をしませんので。

綾織　あ、そうですか（笑）。

安倍昭恵守護霊　駄目《だめ》、駄目、駄目、駄目、駄目。

綾織　では、安倍首相の過去世としては、大伴家持《おおとものやかもち》という方が明らかになっていますが（『安倍新総理スピリチュアル・インタビュー』〔幸福実現党刊〕参照）。

安倍昭恵守護霊　ああ、出てますね。

綾織　「ここでのご縁《えん》はあった」と言っていいですか。

2012年12月17日に収録された安倍首相守護霊の霊言。過去世は、奈良時代の政治家・歌人、大伴家持（718～785）。中納言、越中守、兵部大輔などの諸官を歴任。『万葉集』の編者としても有名。

安倍昭恵守護霊　まあ、ああいう方は、きっと、よくもてたんでしょうね。

綾織　はい。

安倍昭恵守護霊　よくもてたんだろうと思います。ええ。たぶんもてたでしょうね。

綾織　そのなかの、お一人……。

安倍昭恵守護霊　いや、もう、そんなのやめてください。

綾織　あ、そうですか。

安倍昭恵守護霊　そういう話は、ちょっと生々《なまなま》しいので。

安倍首相の政策に影響《えいきょう》を与《あた》えている昭恵夫人の関心ごと

斎藤　あなたは、例えば、立教《りっきょう》大学の大学院で勉強をなされて、修士論文では、「ミャンマーの寺子屋《てらこや》教育と社会生活―ＮＧＯの寺子屋教育支援《しえん》―」というテーマで論文をお書きになっています。

安倍昭恵守護霊　ええ。

斎藤　教育について、「海外に広げていこう」とか「支援しよう」などという、尊い気持ちがおありではありませんか。

安倍昭恵守護霊　うん。だから、もうすぐ仕事がなくなると思ってたので、なんか、ＮＰＯ活動みたいなものができないかなあと思ってました。寿命《じゅみょう》はもうちょっとあるような気がしますのでね。

「何かできないかな。教育支援みたいな、そんなことはできないかなあ」と思っていたということで、勉強したんですけど。

斎藤　「貧しいところや、発展途上《とじょう》のところに手を差し伸べる」という気持ちをお持ちではないですか。

安倍昭恵守護霊　今、主人が、多少、ＯＤＡ（政府開発援助）系で、アジア・アフリカのほうに積極的になろうとしていますけど、ちょっとは私の関心も、まあ、ささやかだけど影響《えいきょう》してるかもしれません。

そういう、「教育が十分にいっていない地域、貧しい地域は、やはり、教育してインフラをつくり、産業を興《おこ》さないと豊かにはなれない」っていうところ、「そこから資源だけを買っても駄目だ」というところ等については、私の考えも、ちょっとは一部、反映してる面があるのかなあというふうには思っておりますけどもねえ。

日本神道《しんとう》の「寛容《かんよう》で大らかなところが好き」

斎藤　昭恵さんには「奉仕《ほうし》の精神」があるのではありませんか。

安倍昭恵守護霊　奉仕は……。

斎藤　何かは分からないのですが、そういう宗教観のところで、「奉仕の精神」的な気持ちなどがあるとすれば、それはどのあたりから出ているのでしょうか。

先ほど、幸福の科学に対して、「いろんな宗教に通じる『日本教』でいいですね」というお言葉も頂きましたが、ずばり、その宗教観についてお伺《うかが》いしたいのです。

守護霊様が信じている神や、その世界というのは、どのあたりなんでしょう。

安倍昭恵守護霊　私のほうは、まあ、どっちかといえば、日本神道《しんとう》に関しては、大らかなところが好きです。

斎藤　大らかなところが好き。

安倍昭恵守護霊　軍神、戦神《いくさがみ》もだいぶいらっしゃいますけども、そっちというよ
り、私のほうは、大らかな感じの日本神道が好き……。

斎藤　そうですね。お話をしていて、とても大らかな感じがします。

安倍昭恵守護霊　大らかな感じのところがありますでしょう？

斎藤　はい。気持ちが癒《いや》されて、ポカポカします。

安倍昭恵守護霊　とても寛容《かんよう》な、大らかなところがあるので、「和の精神」です
かね。

斎藤　調和？

安倍昭恵守護霊　うーん、そこが好きですね。日本神道ではね。

斎藤　ああ、なるほど……。

「キリスト教」と「仏教」へのそれぞれの思い

安倍昭恵守護霊　キリスト教的には、やっぱり、何と言うか、「歳末《さいまつ》助け合い」ではないけど、「できるだけ、恵《めぐ》まれていない人たちに手を差し伸べるような仕事をしてみたいなあ」っていうのがあって、これは、皇后様の〝あれ〟と似た感じかとも思いますけども。

まあ、そういう気持ちは持っているので、できるだけ、弱者にも優《やさ》しくしたいなと思っています。

今、「強者のほうに優しい」ということで、左翼《さよく》から攻撃《こうげき》をされているとは思うけども、左翼のなかにも、弱者に優しい面があるので、そのへんのところは汲《く》み取らないといけない部分があるのかなあというふうに思っております。

やっぱり、安倍が行きすぎないように、ちょっと、そのへんのところを言うのは私の仕事かなって。キリスト教的には、そういう感じです。

綾織　はい。

安倍昭恵守護霊　今、ミャンマーの研究で、仏教も少し勉強しているんですけれども、やはり、何て言うか、うーん、そうですねえ。まあ、今、仏教国に貧しいところが多いので、気の毒だなあとは思ってるんですけども、東南アジアの仏教国の研究をすると、マザー・テレサの「死を待つ人々の家」みたいな感じに、かなり近いようなものを感じるんですよね。

キリストの、貧しい人のなかに神を見るような感じが、貧しい仏教徒のなかにも見えるところがあるので、まあ、そういう人たちにも、何か、日本から、力の一部なりとも与《あた》えることができればいいなあというふうには思っておるんですけどもね。

12 安倍首相の「武人《ぶじん》」としての過去世《かこぜ》

源氏《げんじ》か北条《ほうじょう》氏の流れのなかにいた「武人《ぶじん》」

綾織　最後に一点だけ、霊界《れいかい》探究のためにお伺《うかが》いしたいのですが、安倍首相の、大伴家持《おおとものやかもち》以外の転生《てんしょう》で、何かご存じのものはございますか。

安倍昭恵守護霊　まあ、(転生が)一人っていうことは、たぶんないでしょうね。

綾織　そうですね。

安倍昭恵守護霊　ええ。だけど、今のところは、それしか言ってくださってないので、出ていないようですけども。うーん……、やっぱり、武人《ぶじん》でも出てはいるんじゃないでしょうかね。

綾織　ああ、そうですか。歌だけではなくて……。

斎藤　武人？　剣《けん》ですか？

安倍昭恵守護霊　そうそう。武人でも出てるんじゃないかと思います。

綾織　それは、戦国とか、そのあたりでしょうか。

安倍昭恵守護霊　うーん……。そうですね、あの……、うーん。まあ、私はあんまり、霊的に敏感《びんかん》すぎるほどではないので、よくは分からないんですけれども、感じるに、たぶん、源氏《げんじ》か北条《ほうじょう》あたりの流れのなかにいると思います。おそらく。

綾織　ほう。

斎藤　源氏か北条の流れですか。

安倍昭恵守護霊　うん、そのあたりにいると思います。

斎藤　おお。

綾織　では、鎌倉幕府《かまくらばくふ》を建《た》てたあたりですね。

安倍昭恵守護霊　うーん。まあ、将軍であったかどうかは知りませんけどもね。それは知りませんが、たぶん、そのあたりの流れのなかにいると思います。

綾織　「武士の源流に立っている」と。

安倍昭恵守護霊　あるいは、あちらの表側に立ったほうでなくて、北条のほうだったかもしれないと思いますけど。

会話を通して浮《う》かんできた北条《ほうじょう》氏の一人の名前

斎藤　そのときに一緒《いっしょ》に出られたということはございませんか。「あげまん力」

を上げて、上げて……。

安倍昭恵守護霊　いやあ、それは（笑）。それはちょっと分かりませんけども、うーん……。

まあ、北条政子《ほうじょうまさこ》様と親類縁者《えんじゃ》であったという方ではないかと思います。

斎藤　ああー。北条政子様の縁者。

安倍昭恵守護霊　うーん、そうではないかと思います。

斎藤　ああ、それで縁があるんですね。

安倍昭恵守護霊　うーん。

綾織　北条政権を立ち上げた？

安倍昭恵守護霊　「立ち上げた」とまで言うのは、どうか分かりませんが、源氏の血筋が絶えたあとは、政子様のほうの、北条家の方が「執権《しっけん》」となって、幕府を継《つ》がれていきましたよね？

だから、そちらのほうの一人なんじゃないかなあと思います。

私、日本史を大して勉強してないので、よく分からないのですけども、たぶん、そのあたりに出ている方だと思います。

綾織　実際に、執権の一人ですか。

安倍昭恵守護霊　いやあ、それはどうですかねえ。でも、「そのくらいであればいいな」とは思いますがね。うーん……、まあ……、ちょっと、間違《まちが》ってるかもしれない。

斎藤　いやいや。

安倍昭恵守護霊　私、ちょっと学が足りないので。

斎藤　いやいやいや、どうぞ、スッと。

安倍昭恵守護霊　よく分からないんですよお。それが分かるぐらいだったら、四年制大学まで行けてたのかもしれないので……。

斎藤　（笑）いやいや、そう自虐《じぎゃく》的にならずに。

綾織　義時《よしとき》とか、泰時《やすとき》とか。

安倍昭恵守護霊　え？

綾織　義時とか泰時などがいますよね。

安倍昭恵守護霊　義時、泰時……。

綾織　義時は、鎌倉幕府第二代執権だと思うのですが。

安倍昭恵守護霊　義時、泰時……、うーん。北条義時、泰時……、まだいますよねえ？

綾織　ええっと……。

安倍昭恵守護霊　時頼《ときより》とかいませんでした？

綾織　時頼ですね。そうですね。

斎藤　時頼はいました。

安倍昭恵守護霊　うん、なんか、私は、「時頼」っていう名前が……。

斎藤　「北条時頼」っていうイメージが湧《わ》いてきますか。

安倍昭恵守護霊　うーん、聞こえてくる。

斎藤　聞こえてきますか。

綾織　何代ぐらいですかね。

安倍昭恵守護霊　あまり歴史に詳《くわ》しくないので。

北条時頼（1227 〜 1263）
鎌倉幕府第５代執権（在職：1246 〜 1256）。元寇を退けた第８代執権北条時宗の父でもある。執権政治の強化と北条氏の権威の確立に努める一方、御家人や民衆に対しては善政を敷いて人望を得、「仁政」と謳われる。また、禅宗に帰依し、1248 年に道元を鎌倉に招いた。さらに、1253 年、南宋の僧侶・蘭渓道隆を鎌倉に招き、建長寺（写真左）を建立。執権を辞してのちは、最明寺において出家した。

綾織　その方を支えられた？

安倍昭恵守護霊　いやあ、もう……（笑）。

綾織　おそらく、そうであろうと想像いたします。

安倍昭恵守護霊　たぶん、私はきっと、農家から手伝いに来てた、〝はした女《め》〟か何かなんじゃないでしょうかねえ。

斎藤　いえいえいえ。

安倍昭恵守護霊　大根でも洗ってたんじゃないでしょうかね。ええ。

安倍首相をお願いする言葉で締《し》めくくった昭恵夫人の守護霊

斎藤　本当にすごい「あげまん」の理想の姿を見させていただきました。

綾織　はい。今日は、本当にとても勉強になりました。

安倍昭恵守護霊　そうですか。

綾織　はい。

安倍昭恵守護霊　まあ、幸福の科学さんに応援《おうえん》していただいているのはよく知っておりますし、お知恵《ちえ》をいっぱい拝借《はいしゃく》して安倍がやれているのも、よく分かっております。私は支えられないので、どうぞ、本業のほうで、精神的に支えてくださることを、本当にお願いしたいと思います。

綾織　いえいえ。

安倍昭恵守護霊　私のほうは、本業でないほうで、〝ご飯〟じゃない〝お菓子《かし》〟のほうでお手伝いする……（笑）。〝デザート〟のほうで、安倍の手伝いができればというふうに思っております。

もう、いつまでもつかは分かりません。日本を強くしていくのは結構だけども、やはり、日本のなかの弱者の方や、海外で、日本に対して被害《ひがい》意識を持っておられる方々の気持ちを上手に汲《く》み取って、日本が光り輝《かがや》く国になるといいなあというふうに思っております。

安倍のほうは、もちろん、吉田松陰《よしだしょういん》先生や天照大神様《あまてらすおおみかみ》へのご信仰が、非常に深《しんこう》くございます。今、大川先生に対しては、「もうとても祈《いの》りが届かないぐらいの方だ」と思ってるように感じますので、どうか、末永く後押《あとお》しくださるようにお願い申し上げたいと思います。

もし、自民党が潰《つぶ》れましたならば、あとは、幸福実現党さんが安倍の遺志《いし》を継《つ》いでくださることを、本当に心からお願い申し上げます。

質問者一同　ありがとうございました。

13 安倍首相夫人の守護霊霊言《れいげん》を終えて

昭恵夫人に踊《おど》らされているマスコミ

大川隆法　よろしいですか（手を二回叩《たた》く）。

意外というか、先日、劉邦《りゅうほう》が、「手強《てごわ》いぞ。あまり、騙《だま》されてはいけない。上手《じょうず》にやっているかもしれないよ」と言っていたほうに近かったかもしれませんね（本書「まえがき」参照）。

綾織　非常に賢《かしこ》い女性です。

大川隆法　彼（劉邦）の「人間学」のほうが、やや深かったかもしれません。マスコミのほうは、それが読めていないで、踊《おど》らされているかもしれないわけです。

綾織　手の内を〝ばらして〟しまってもよいものでしょうか。

大川隆法　まだ、バカのふりをしていれば、いけるのではないですか。たぶん、そういう方のようですから。〝バカぶり〟を、ときどき見せて、できるだけ軽く見せようとしているのではないでしょうか。

「あげまん偏差値《へんさち》」が高い昭恵夫人

大川隆法　ある意味では、昭恵さんに「内助《ないじょ》の功《こう》」があって、安倍さんは首相になれているのかもしれませんね。

綾織　はい。そうですね。

大川隆法　そのようです。

斎藤　昨日、大川総裁にお教えいただきました、「あげまん偏差値《へんさち》」について見ると、そうとう高い……。

大川隆法　そうかもしれない。

斎藤　学力的なものよりは、「あげまん偏差値」のほうが高い方《かた》かと思います。

大川隆法　そうですね。

しかし、夫を潰《つぶ》してしまうと駄目《だめ》なんですよ。夫婦《ふうふ》が共に秀才でも、秀才同士で競争すると、やはり、力比べのようになって、うまくいかないところがあるのでしょうから、競争しないほうがよいのでしょう。ただ、そのへんは微妙《びみょう》なところなのかもしれません。

そういえば、「養子か何かをもらうことになった」とか言っていたのでしょうか。

綾織　ええ、後継者《こうけいしゃ》を……。

大川隆法　選ぶのでしょうか。よくは知らないのですけど。

やはり、ファーストレディは、「ファーストレディになるだけの条件」を備えていたのかもしれませんね。

綾織　そうですね。

大川隆法　ご成功なされることを末永く希望したいと思います。

質問者一同　ありがとうございました。

あとがき

アッキーの霊言を当会の全国支部・精舎で公開し始めると、某大手週刊誌が昭恵夫人のホンネ作戦をスクープ記事にしたので、予定を少し繰り上げて本書を刊行することにした。マスコミ会員も多数、当会には勉強しに来ているので、新聞や週刊誌の記事、各種の単行本、ＴＶドラマなどに、私の考えや言葉がよく登場するようになったが、一々目クジラを立てるほど私は狭量ではない。この国が全体として良い方向に動いていくことを願うばかりである。

私は一種の「宗教ジャーナリズム」の分野も開拓しているのかもしれないが、「真実の探究」は何事によらず大切なことだ。

「あげまん」の賢夫人に支えられて、安倍首相が、良い仕事を長く続けられることをお祈り申し上げる。

二〇一四年　三月六日

幸福《こうふく》の科学《かがく》グループ創始者兼総裁《そうししゃけんそうさい》　大川隆法《おおかわりゅうほう》

『安倍昭恵首相夫人の守護霊トーク「家庭内野党」のホンネ、語ります。』

大川隆法著作関連書籍

『守護霊インタビュー 朴槿惠韓国大統領 なぜ、私は「反日」なのか』（幸福の科学出版刊）
『「首相公邸の幽霊」の正体』（同右）
『クローズアップ国谷裕子キャスター』（同右）
『守護霊インタビュー 駐日アメリカ大使キャロライン・ケネディ 日米の新たな架け橋』（同右）
『守護霊インタビュー タイ・インラック首相から日本へのメッセージ』（同右）
『吉田松陰は安倍政権をどう見ているか』（幸福実現党刊）
『安倍新総理スピリチュアル・インタビュー』（同右）

安倍昭恵首相夫人《あべあきえしゅしょうふじん》の守護霊《しゅごれい》トーク
「家庭内野党《かていないやとう》」のホンネ、語《かた》ります。

2014年3月12日　初版第1刷

著　者　　大川隆法《おおかわりゅうほう》

発行所　　幸福の科学出版株式会社

〒107-0052 東京都港区赤坂2丁目10番14号
TEL(03)5573-7700
http://www.irhpress.co.jp/

印刷・製本　株式会社 堀内印刷所

落丁・乱丁本はおとりかえいたします

ISBN978-4-86395-448-9 C0030
写真：dpa/ 時事通信フォト R.Fed / PIXTA 朝日新聞社 時事通信フォト 水谷嘉孝

大川隆法霊言シリーズ・最新刊

守護霊インタビュー
朴槿恵韓国大統領 なぜ、私は「反日」なのか

従軍慰安婦問題、安重根記念館、告げ口外交……。なぜ朴槿恵大統領は反日・親中路線を強めるのか? その隠された本心と驚愕の魂のルーツが明らかに!

1,500円

魅せる技術
女優・菅野美穂 守護霊メッセージ

どんな役も変幻自在に演じる演技派女優・菅野美穂──。人を惹きつける秘訣や堺雅人との結婚秘話など、その知られざる素顔を守護霊が明かす。

1,400円

日本よ、国家たれ!
元台湾総統 李登輝守護霊 魂のメッセージ

「歴史の生き証人」李登輝・元台湾総統の守護霊が、「日本統治時代の真実」と「先の大戦の真相」を激白! その熱きメッセージをすべての日本人に。

1,400円

※表示価格は本体価格(税別)です。

大川隆法 霊言シリーズ・最新刊

守護霊インタビュー
駐日アメリカ大使
キャロライン・ケネディ
日米の新たな架け橋

先の大戦、歴史問題、ＪＦＫ暗殺の真相……。親日派とされるケネディ駐日米国大使の守護霊が語る、日本への思いと日米の未来。

1,400円

クローズアップ
国谷裕子キャスター
ＮＨＫの〝看板〟を霊査する

ＮＨＫは公正中立な「現代を映す鏡」なのか？「クローズアップ現代」国谷キャスターの知られざる本心に迫る。衝撃の過去世も次々と明らかに！

1,400円

軍師・黒田官兵衛の霊言
「歴史の真相」と「日本再生、逆転の秘術」

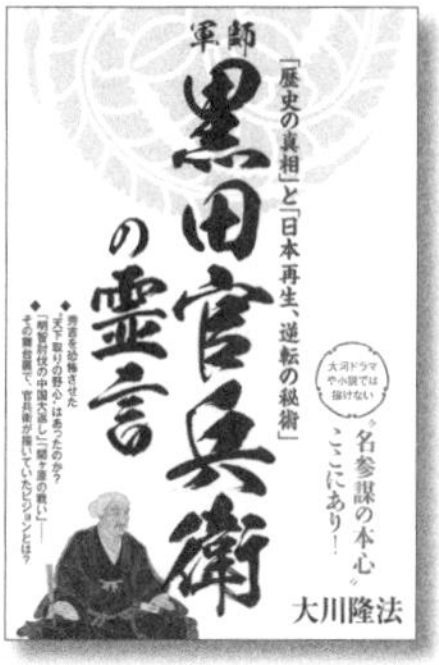

大河ドラマや小説では描けない、秀吉の天下獲りを支えた天才軍師の実像が明らかに！ その鋭い戦略眼が現代日本の行く末を読む。

1,400円

幸福の科学出版

大川隆法 ベストセラーズ・**未来への進むべき道を指し示す**

忍耐の法

「常識」を逆転させるために

第１章　スランプの乗り切り方
——運勢を好転させたいあなたへ

第２章　試練に打ち克つ
——後悔しない人生を生き切るために

第３章　徳の発生について
——私心を去って「天命」に生きる

第４章　敗れざる者
——この世での勝ち負けを超える生き方

第５章　常識の逆転
——新しい時代を拓く「真理」の力

2,000円

法シリーズ
第20作

人生のあらゆる苦難を乗り越え、夢や志を実現させる方法が、この一冊に——。混迷の現代を生きるすべての人に贈る待望の「法シリーズ」第20作！

「正しき心の探究」の大切さ

靖国参拝批判、中・韓・米の歴史認識……。「真実の歴史観」と「神の正義」とは何かを示し、日本に立ちはだかる問題を解決する、2014年新春提言。

1,500円

※表示価格は本体価格(税別)です。

大川隆法 ベストセラーズ・「幸福の科学大学」が目指すもの

「現行日本国憲法」をどう考えるべきか

天皇制、第九条、そして議院内閣制

憲法の嘘を放置して、解釈によって逃れることは続けるべきではない── 。現行憲法の矛盾や問題点を指摘し、憲法のあるべき姿を考える。

1,500円

恋愛学・恋愛失敗学入門

恋愛と勉強は両立できる? なぜダメンズと別れられないのか? 理想の相手をつかまえるには? 幸せな恋愛・結婚をするためのヒントがここに。

1,500円

未来にどんな発明があるとよいか

未来産業を生み出す「発想力」

日常の便利グッズから宇宙時代の発明まで、「未来のニーズ」をカタチにするアイデアの数々。その実用性と可能性を分かりやすく解説する。

1,500円

もし湯川秀樹博士が幸福の科学大学「未来産業学部長」だったら何と答えるか

食料難、エネルギー問題、戦争の危機……。21世紀の人類の課題解決のための「異次元アイデア」が満載! 未来産業はここから始まる。

1,500円

※表示価格は本体価格(税別)です。

大川隆法霊言シリーズ・安倍政権のあり方を問う

安倍新総理 スピリチュアル・インタビュー

復活総理の勇気と覚悟を問う

自民党政権に、日本を守り抜く覚悟はあるか⁉ 衆院選翌日、マスコミや国民がもっとも知りたい新総理の本心を問う、安倍氏守護霊インタビュー。
【幸福実現党刊】

1,400円

吉田松陰は安倍政権をどう見ているか

靖国参拝の見送り、消費税の増税決定──めざすはポピュリズムによる長期政権? 安倍総理よ、志や信念がなければ、国難は乗り越えられない!
【幸福実現党刊】

1,400円

「首相公邸の幽霊」の正体

東條英機・近衛文麿・廣田弘毅、日本を叱る!

その正体は、日本を憂う先の大戦時の歴代総理だった! 日本の行く末を案じる彼らの強い信念が語られる。安倍首相守護霊インタビューも収録。

1,400円

幸福の科学出版

大川隆法霊言シリーズ・歴代総理からのアドバイス

中曽根康弘元総理・最後のご奉公

日本かくあるべし

「自主憲法制定」を党是としながら、選挙が近づくと弱腰になる自民党。「自民党最高顧問」の目に映る、安倍政権の限界と、日本のあるべき姿とは。
【幸福実現党刊】

1,400円

大平正芳の大復活

クリスチャン総理の緊急メッセージ

ポピュリズム化した安倍政権と自民党を一喝! 時代のターニング・ポイントにある現代日本へ、戦後の大物政治家が天上界から珠玉のメッセージ。
【幸福実現党刊】

1,400円

宮澤喜一 元総理の霊言

戦後レジームからの脱却は可能か

失われた20年を招いた「バブル潰し」。自虐史観を加速させた「宮澤談話」──。宮澤喜一元総理が、その真相と自らの胸中を語る。
【幸福実現党刊】

1,400円

※表示価格は本体価格(税別)です。

大川隆法霊言シリーズ・女神からのメッセージ

天照大神の未来記

この国と世界をどうされたいのか

日本よ、このまま滅びの未来を選ぶことなかれ。信仰心なき現代日本に、この国の主宰神・天照大神から厳しいメッセージが発せられた!

1,300円

天照大神の御教《みおし》えを伝える

全世界激震の予言

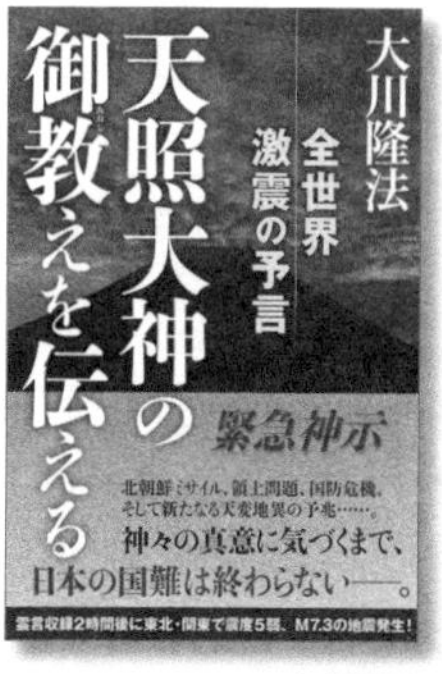

信仰を失い、国家を見失った現代人に、日本の主宰神・天照大神が下された三度目の警告。神々の真意に気づくまで、日本の国難は終わらない。

1,400円

女性リーダー入門

卑弥呼・光明皇后が贈る、
現代女性たちへのアドバイス

自己実現の先にある理想の生き方について、日本の歴史のなかでも名高い女性リーダーからのアドバイス。

1,200円

教育

学校法人 幸福の科学学園

学校法人 幸福の科学学園は、幸福の科学の教育理念のもとにつくられた教育機関です。人間にとって最も大切な宗教教育の導入を通じて精神性を高めながら、ユートピア建設に貢献する人材輩出を目指しています。

幸福の科学学園

中学校・高等学校（那須本校）
2010年4月開校・栃木県那須郡（男女共学・全寮制）
TEL **0287-75-7777**
公式サイト **happy-science.ac.jp**

関西中学校・高等学校（関西校）
2013年4月開校・滋賀県大津市（男女共学・寮及び通学）
TEL **077-573-7774**
公式サイト **kansai.happy-science.ac.jp**

幸福の科学大学（仮称・設置認可申請予定）
2015年開学予定
TEL **03-6277-7248**（幸福の科学 大学準備室）
公式サイト **university.happy-science.jp**

仏法真理塾「サクセスNo.1」 TEL **03-5750-0747**（東京本校）
小・中・高校生が、信仰教育を基礎にしながら、「勉強も『心の修行』」と考えて学んでいます。

不登校児支援スクール「ネバー・マインド」 TEL **03-5750-1741**
心の面からのアプローチを重視して、不登校の子供たちを支援しています。
また、障害児支援の「**ユー・アー・エンゼル!**」運動も行っています。

エンゼルプランV TEL **03-5750-0757**
幼少時からの心の教育を大切にして、信仰をベースにした幼児教育を行っています。

シニア・プラン21 TEL **03-6384-0778**
希望に満ちた生涯現役人生のために、年齢を問わず、多くの方が学んでいます。

NPO 活動支援

いじめから子供を守ろう!ネットワーク

学校からのいじめ追放を目指し、さまざまな社会提言をしています。また、各地でのシンポジウムや学校への啓発ポスター掲示等に取り組むNPO「いじめから子供を守ろう！ネットワーク」を支援しています。

公式サイト **mamoro.org**
相談窓口 **TEL.03-5719-2170**
ブログ **mamoro.blog86.fc2.com**

政治

幸福実現党

内《ない》憂《ゆう》外《がい》患《かん》の国難に立ち向かうべく、二〇〇九年五月に幸福実現党を立党しました。創立者である大川隆法党総裁の精神的指導のもと、宗教だけでは解決できない問題に取り組み、幸福を具体化するための力になっています。

党員の機関紙
「幸福実現NEWS」

TEL 03-6441-0754
公式サイト hr-party.jp

出版
メディア
事業

幸福の科学出版

大川隆法総裁の仏法真理の書を中心に、ビジネス、自己啓発、小説など、さまざまなジャンルの書籍・雑誌を出版しています。他にも、映画事業、文学・学術発展のための振興事業、テレビ・ラジオ番組の提供など、幸福の科学文化を広げる事業を行っています。

アー・ユー・ハッピー？
are-you-happy.com

ザ・リバティ
the-liberty.com

幸福の科学出版
TEL 03-5573-7700
公式サイト irhpress.co.jp

THE FACT

ザ・ファクト
マスコミが報道しない
「事実」を世界に伝える
ネット・オピニオン番組

Youtubeにて
随時好評配信中！

ザ・ファクト　検索